과학이 재미있어지는 우주 이야기

과학이 재미있어지는 우주 이야기

글 가비 레블링 | 그림 율리아 케르겔 | 옮김 함미라

초판 1쇄 발행 2013년 6월 30일 | 초판 8쇄 발행 2018년 4월 17일

펴낸이 도승철 | 펴낸곳 밝은미래 | 등록 2005년 5월 2일 (제105-14-87935호)

주소 경기도 파주시 회동길 455-2 밝은미래사옥 4층 | 전화 031-955-9550~3 | 팩스 031-955-9555

홈페이지 http://www.bmirae.com

편집 송재우 고지숙 백혜영 | 디자인 문고은 강소리 | 마케팅 정원식 김태운 | 경영지원 강정희

외주 편집 과수원길

ISBN 978-89-6546-116-6 74440
ISBN 978-89-92693-41-7 (세트)

Mit Oskar ins Weltall
Text by Gaby Rebling - Illustrations by Julia Kaergel ⓒ Verlag Friedrich Oetinger, Hamburg 2010
All rights reserved.
Korean translation copyright ⓒ 2013 by Balgeunmirae Publishing Co.
This Korean edition is published by arrangement with Verlag Friedrich Oetinger.

이 책은 Verlag Friedrich Oetinger와의 독점계약으로 밝은미래에서 출간되었습니다.
저작권법에 의해 한국 내에서 보호를 받는 저작물이므로 무단전재와 복제를 금합니다.

*책값은 뒤표지에 있습니다.

과학이 재미있어지는
우주 이야기

글 가비 레블링 | 그림 율리아 케르겔 | 옮김 함미라

밝은미래

차 례

여는 말 내 이름은 오스카   11

1. 카롤리네와 함께한 별자리 여행   13
- 우리의 하늘
  우리의 지구
- 별과 별자리
  황도 12궁

2. 파울과 함께한 행성 탐험   34
- 우리의 태양계
  여러 종류의 천체
- 우주
  태양계

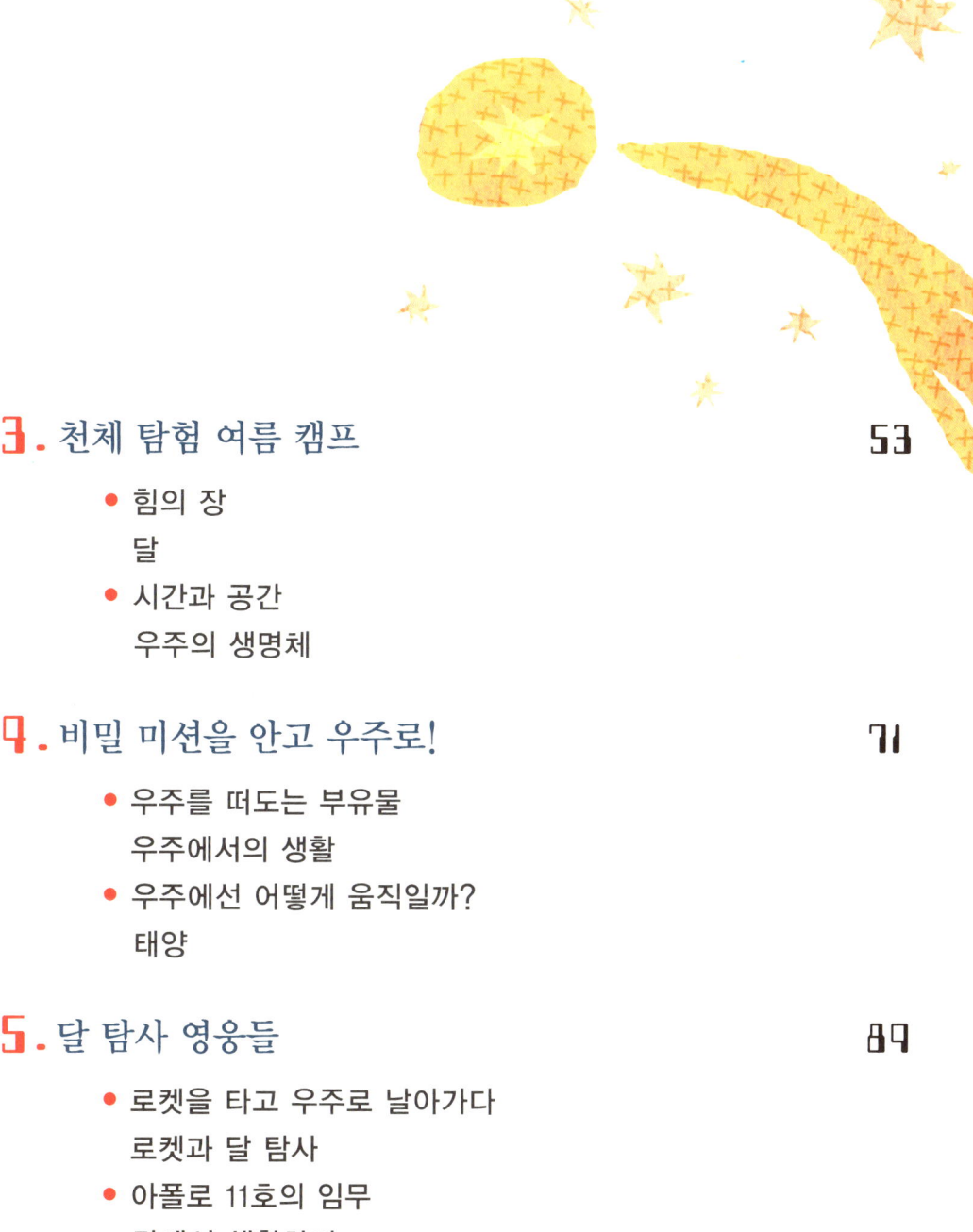

3. 천체 탐험 여름 캠프 　　　　　　　　53

- 힘의 장
  달
- 시간과 공간
  우주의 생명체

4. 비밀 미션을 안고 우주로! 　　　　　　71

- 우주를 떠도는 부유물
  우주에서의 생활
- 우주에선 어떻게 움직일까?
  태양

5. 달 탐사 영웅들 　　　　　　　　　　89

- 로켓을 타고 우주로 날아가다
  로켓과 달 탐사
- 아폴로 11호의 임무
  달에서 생활하기

내 이름은 오스카

안녕, 나는 오스카야. 내가 기억하는 한, 나는 줄곧 뮌헨 독일 박물관의 천문관에서 살고 있어. 밤하늘의 별을 관찰하고 싶다면, 이런 천문관이 제격이지. 그리고 그거 아니? 별을 관찰하는 것이야말로 내가 가장 좋아하는 일이라는 걸? 그것도 하루도 빠짐없이 매일 말이야!

천문관은 대부분 지붕이 반구형으로 생겼어. 말 그대로 동그란 공을 반으로 뚝 잘라 놓은 것처럼 보이지. 내가 사는 천문관 역시 녹색의 반구형이고, 독일 박물관의 지붕 위에 오도카니 앉아 있어. 이곳에서 나는 보통 망원경보다 덩치가 훨씬 큰 망원경으로 별을 관찰하지. 게다가 내 천문관은 꽤 커. 천문관 내부는 바닥까지 전부 나무로 되어 있는데, 나는 그 점이 매우 마음에 들어. 걸을 때마다 삐걱거리는 소리가 아주 듣기 좋거든.

사실 이 천문관은 내 천문관이 아니야. 원래는 '오스카 폰 밀러' 씨의 천문관이지. 그는 100여 년 전, 이 독일 박물관을 세운 분이야. 기계 기술이나 자연 분야에서 길이 간직해야 할 중요한 것들을 한데 모아 독일 박물관에 전시했단다.

이 천문관의 특이한 점은 반구형의 지붕을 활짝 열 수 있다는 거야. 지붕 겉면이 열리면 하늘이 한눈에 들어와. 밤이면 물론 별도 보이고 말이야. 별자리라면 내가 진짜 전문가란다. 북극성이 어디 있는지 한번 알아맞혀 볼까? 그야 식은 죽 먹기지! 다른 때처럼 오늘도 북극성을 구름이 가리고 있네! 다행히 구름이 방금 흘러가 버렸어.

이렇게 북극성을 가만히 바라보고 있자니, 정말정말 여행이 가고 싶어. 나는 여행이라면 무조건 좋아. 과거로 가든, 미래로 가든 말이야.

그래서 오늘은 친구들의 집을 한번 찾아가 보려고 해. 나만큼이나 하늘을 좋아하는 친구들이지. 한 명도 아니고 어떻게 여러 명을 찾아갈 거냐고? 나에겐 비장의 무기, 프로펠러가 있어. 이 프로펠러만 있으면 간단해. 스위치를 누르기만 하면 금방 날아오르거든. 그럼 이따 보자!

1. 카롤리네와 함께한 별자리 여행

오스카가 카롤리네가 사는 도시로 날아갔을 땐 꽤 늦은 시간이었어요. 오스카는 하마터면 카롤리네의 집을 지나칠 뻔했답니다. 다행히 마지막 순간에 뭔가 녹색으로 빛나는 것을 보았지요. 그 불빛이 나오는 곳은 바로 카롤리네의 방이었어요. 밤이면 카롤리네의 방은 녹색으로 빛나곤 해요. 불 꺼진 방에 컴퓨터만 켜져 있어서, 컴퓨터 모니터에서 나오는 불빛이 마치 녹색 조명등을 켜 놓은 것처럼 보였지요. 오스카가 난간에 내려오자, 카롤리네가 문을 열며 반갑게 맞았어요.

"안녕, 오스카!"

"안녕, 카롤리네! 너랑 별에 관해 이야기하고 싶어서 왔어. 지난번에 네가 우리 박물관에 찾아온 후로, 우리끼리 별 이야기를 한 적이 없었잖아."

"그야 좋지! 들어와. 방금 더블엑스랑 이야기하던 중이었어. 별이 빛나는 밤에 더블엑스랑 이야기를 나누면, 마음이 아주 편해지거든."

"더블엑스? 너 새 컴퓨터 생겼니?"

"오스카, 너 더블엑스 몰라? 내가 언제부터 갖고 있던 건데!"

"아, 물론 알지. 이름을 또 깜빡했나 봐."

"덜렁거리는 건 여전하구나."

카롤리네가 웃으며 연녹색으로 빛나는 화면을 보면서 키보드를 쳤어요.

"더블엑스, 손님이 오셨다. 오스카가 왔어."

'기기기긱' 하는 소리가 나더니 컴퓨터가 대답했어요.

– 나는 오스카가 신 나고 좋은 저녁 시간을 보내기를 바라.–

"나도 더블엑스 네가 오늘 멋진 하루를 보냈기를 바라."라고 오스카가 말하자, 카롤리네가 그대로 키보드를 쳤어요.

– 멋진 하루였다고 할 수 있을 것 같아. –

더블엑스가 모니터를 통해 말했어요.

– 몇 시간 동안 우주 파도타기를 했거든. 그러다가 정말 기적처럼 어떤 별과 접속하게 되었어. 그 별은 큰개자리에 속하는 알파별(각 별자리를 이루는 별 중에 가장 밝게 보이는 별)인데, 사람들은 보통 '시리우스'라고 부르지.–

"잠깐만!"

카롤리네가 더블엑스의 말을 중간에 끊고 이렇게 말했어요.

"저기, 저 위, 다른 별보다 밝게 빛나는 저 별 말이니? 더블엑스, 하늘에 화살표 표시 좀 해 줄래? 내가 제대로 찾은 건지 확인할 수 있게 말이야."

"굉장한걸! 더블엑스는 못하는 게 없구나!"

오스카는 놀라서 큰 소리로 말했어요. 더블엑스가 정말로 한 치의 오차도 없이 시리우스를 가리키며 화살표를 반짝이고 있었으니까요.

"최고야, 최고! 고마워, 더블엑스! 그런데 더블엑스 넌 정말 좋겠다. 내가 재미없는 학교에서 앉아 공부하는 동안, 너는 우주를 넘나들며 수많은 별과 만나고 다녔으니."

– 그럼 내일 나랑 같이 가자. –

더블엑스가 대답했어요. 더블엑스와 우주로 날아간다고요? 그럼 얼마나 좋겠어요! 하지만 카롤리네는 그렇게 할 수 없다는 걸 잘 알고 있었답니다. 학교를 빼먹은 걸 엄마가 아는 날엔 엄청나게 화를 낼 테니까요. 그뿐인가요? 담임 선생님은 히스테리 발작하듯 호통을 치실 거예요. 이렇게요.

"과연 너답구나, 카롤리네! 너한테 지금 가장 필요한 것이 뭔 줄 아니? 수업이야, 수업! 그런데 그 중요한 수업을 빼먹다니!"

그래서 카롤리네는 이렇게 썼어요.

"미안해, 더블엑스. 그렇게 해 봤자 좋을 게 하나도 없을 것 같아."

카롤리네는 반짝반짝 빛나는 밤하늘을 내다보다가 한숨을 푹 쉬었어요. 그때였어요. 모니터 화면이 갑자기 미친 듯이 깜빡였어요. 그러곤 완전히 흥분한 더블엑스의 글이 화면에 떴지요.

– 그럼 지금 얼른 갔다 와. –

"뭐? 지금 당장 말이야? 오스카, 너도 같이 갈래?"

"물론이지! 모험이라면 언제든 준비 완료지."

오스카는 좋아서 어쩔 줄 모르며 소리쳤어요.

더블엑스가 웅웅 소리를 냈어요.

– 무전기를 가져가. 그러면 우주에 가서도 언제든 나한테 연락할 수 있잖아. –
"그래. 좋은 생각이야. 무전기는 웃옷 주머니에 넣어 둬야겠다."
오스카가 말하자, 더블엑스가 아주 큰 소리로 웅웅거렸어요.
– 출발해도 돼. 출발! 딥딥딥, 딥딥딥, 딥딥딥! –

카롤리네는 발가락이 근질거리는 느낌이 들기 시작했어요. 오스카도 갑자기 발가락이 미치도록 간지러웠어요. 처음엔 새끼발가락이 간지럽더니, 그 다음엔 발 전체, 그러곤 다리, 배, 팔, 손, 그리고 머리까지 차례차례 간질간질, 온몸이 다 간질거렸어요. 그러다가 카롤리네와 오스카의 몸이 새처럼 가벼워졌어요. 둘은 난간을 지나 밖으로 날아갔어요. 그러곤 도시의 지붕을 뒤로하고 곧바로 하늘로 올라갔지요. 둘은 점점 더 빨리, 그리고 점점 더 멀리 우주를 향해 돌진했어요.

"어어어어어어! 도와줘, 사방이 뱅글뱅글 돌아!"
카롤리네가 외쳤어요.
"그래, 나도 어지러워 죽겠어!"

　오스카도 끙끙대며 말했어요. 하지만 그 말을 끝마치자마자…… 이게 웬일이죠? 갑자기 속도가 뚝 떨어지더니, 점점 느려졌어요. 카롤리네와 오스카는 영화 속 슬로 모션 장면처럼 천천히 하늘을 떠다녔어요.
　"어쨌든 덕분에 별 구경을 찬찬히 할 수 있겠네."
　오스카가 마음을 놓으며 말했어요.
　"오스카, 저 별 좀 봐. 정말 멋지다! 게다가 같은 모습이 하나도 없어. 전부 다 달라. 학교에 가서 이 이야기를 해 주면 아무도 못 믿을걸! 저기 아래쪽, 저 푸른 공처럼 생긴 별이 지구 아니니?"
　"맞아. 우리가 사는 행성, 지구야. 지구는 표면에 바다가 많아서 저렇게 푸른 빛으로 은은하게 빛나는 거란다. 원한다면 내가 하늘과 별, 우리 지구에 관해 조금 설명해 줄 수도 있는데."
　"그야 좋지!"
　카롤리네가 흥분해서 환호성을 질렀어요.

우리의 하늘

인간이 지구에 존재한 이후로, 그러니까 10만 년도 훨씬 전부터, 인간은 밤마다 하늘에 펼쳐진 별을 보며 감탄했어. 맑은 밤, 지구의 반쪽 하늘에선 2,000개가 넘는 별이 보여. 너무 많아서 셀 수 없을 정도지. 지구에 겨울과 여름이라는 계절이 있듯이, 하늘에도 마찬가지로 겨울철 하늘과 여름철 하늘이 따로 있단다.

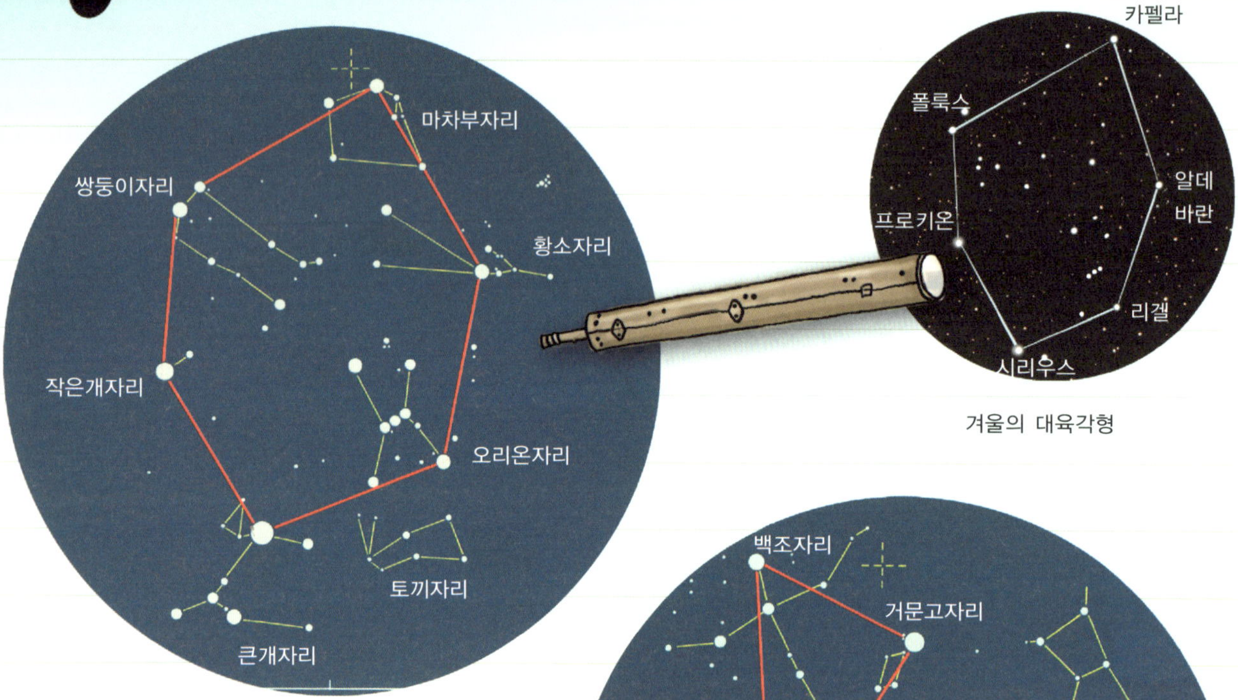

겨울의 대육각형 — 카펠라, 폴룩스, 알데바란, 프로키온, 리겔, 시리우스

마차부자리, 쌍둥이자리, 황소자리, 작은개자리, 오리온자리, 토끼자리, 큰개자리

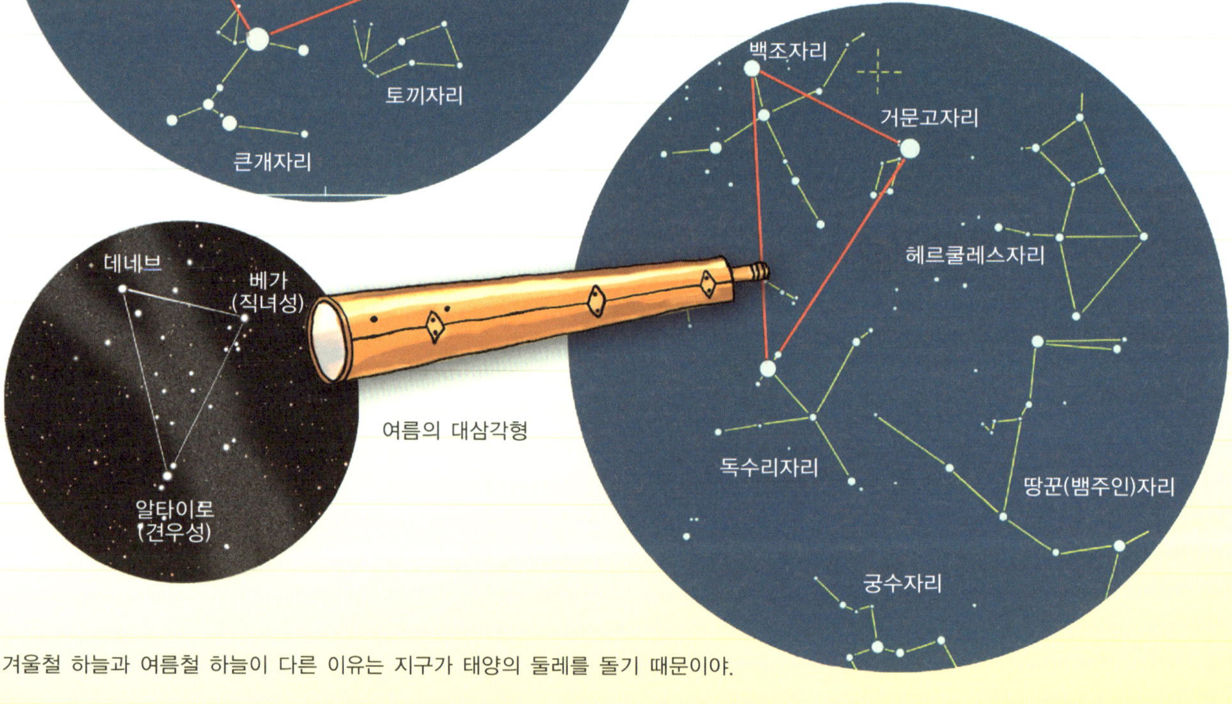

여름의 대삼각형 — 데네브, 베가(직녀성), 알타이르(견우성)

백조자리, 거문고자리, 헤르쿨레스자리, 독수리자리, 땅꾼(뱀주인)자리, 궁수자리

겨울철 하늘과 여름철 하늘이 다른 이유는 지구가 태양의 둘레를 돌기 때문이야.

우리의 지구

우리의 지구

우주에서 바라본 지구는 푸른 행성이야. 지구가 푸르게 보이는 건 지구 표면에 바다가 아주 많기 때문이지.

지구 표면에서 햇빛의 영향권 안에 들어온 곳은 어디든 낮이야. 그렇다면 햇빛을 받지 못하는 곳은 당연히 밤이 되겠지?

인간과 마찬가지로 대부분의 동물 역시 낮 동안엔 깨어 있고 밤엔 잠을 자. 하지만 예외도 있어. 소방대원이나 의사, 간호사는 밤낮을 가리지 않고 항상 긴급 상황에 대비하여 대기하지. 그런가 하면 박쥐, 고양이, 부엉이처럼 밤에 먹이 사냥을 나서는 동물도 있단다.

실험 : 지구의 밤과 낮

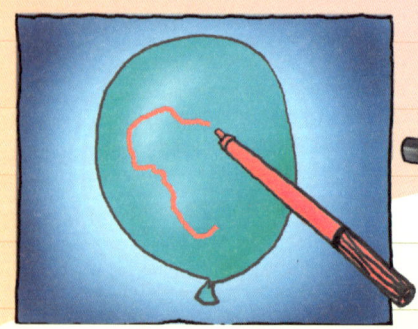

1. 풍선을 통통하게 분 다음 끝을 묶어 바람이 새지 않게 한다. 이 풍선은 이번 실험에서 지구인 셈이다. 풍선 위에 사인펜으로 대륙을 그려 넣는다면 더욱 실감 날 것이다.

2. 손전등을 켜서 풍선을 향해 빛을 비춘다.

3. 풍선을 천천히 돌려 본다. 방금 낮이 된 곳이 어디인지, 또 그사이 밤이 된 곳은 어디인지 살펴본다.

지구엔 왜 생명체가 살까?

지구는 여러 종류의 기체가 든 공기에 둘러싸여 있어. 이걸 대기라고 해. 대기는 인간과 동물, 그리고 식물이 살아가는 데 반드시 필요하단다. 인간과 동물은 대기에 든 산소를 들이마시고, 이산화탄소를 내뿜어. 반면에 식물은 이산화탄소를 받아들이고 산소를 내보내지.

맨틀
핵을 둘러싸고 맨틀이 형성되어 있어. 맨틀은 지각 아래에서 시작하여 약 2,900km 깊이까지 계속되는 두꺼운 암석층이야.

핵
지구의 내부엔 아주 단단한 핵이 있어. 이 핵은 정말정말 뜨겁단. 지구의 중심부는 온도가 무려 6,700℃에 이르는데, 태양의 표면 온도보다도 더 높지.

지각
지구의 표면층을 지각이라고 하는데, 상당히 얇은 편이야. 달걀에 비유한다면 달걀 껍데기처럼 얇다고 할 수 있을 정도지.

대기
지구는 두께가 지각보다 더 얇은 공기로 이루어진 층에 둘러싸여 있어. 대기는 지구에서 멀어질수록 더욱더 옅어진단다.

오존층
다른 곳보다 오존을 많이 포함하는 공기층이 바로 오존층이야. 오존층은 태양 광선으로부터 우리를 보호해 줘. 그런데 아쉽게도 이 오존층에 그만 구멍이 나 버렸지 뭐야. 전 세계에서 너무 많은 배기가스를 내보냈기 때문이지.

> 자외선 차단제를 바르지 않고 일광욕을 하는 건 절대 금물! 이왕이면 자외선 차단 지수가 높은 제품을 선택하는 게 좋아. 그리고 머리를 보호해 줄 멋진 모자만 하나 준비하면 되겠지?

"오스카, 넌 어쩜 그렇게 설명을 흥미진진하게 잘하니?"

카롤리네는 열광하며, 반한 눈길로 오스카를 바라보았어요.

"어휴, 부담스럽게 왜 그래. 자, 가던 길이나 가자. 갈 길이 아직 멀어."

오스카가 쑥스러워하며 말했어요. 그러나 그 말을 한 뒤 오스카는 뭔가 이상하다는 생각이 들었어요. 우주 한가운데에 발이 묶인 것처럼 앞으로 한 발짝도 나갈 수 없지 뭐예요. 마치 발 아래 뿌리를 내린 것처럼 그 자리에서 꼼짝도 할 수 없었어요. 그런데 갑자기 눈앞에서 안개가 모락모락 피어올랐어요. 짙은 안개 때문에 카롤리네와 오스카는 서로 얼굴을 알아볼 수 없을 정도였지요. 카롤리네는 얼른 오스카가 있는 쪽으로 손을 뻗어, 오스카의 손을 꼭 잡았어요.

그때 안개 속에서 키 큰 남자가 서서히 모습을 드러냈어요. 그는 온몸에 눈부실 정도로 밝게 빛나는 별을 달고 있었어요.

"오스카, 저기 별을 단 남자 보이니?"

"물론이지! 저건 오리온이야."

"정확하게 맞혔다. 나는 오리온이라고 하는데, 고대 그리스에서 왔단다."

별을 단 남자가 말했어요.

"고대 그리스요?"

카롤리네는 곰곰이 생각을 더듬어

보았어요. 언젠가 고대 그리스에 관해서 들어 본 적이 있는 것 같았거든요. 그러자 학교에서 담임 선생님이 고대 그리스에 관한 이야기를 들려주었던 것이 기억났어요. 하지만 그때 카롤리네는 여느 때처럼 귀를 막고 있었지요. 담임 선생님의 쨍쨍 울리는 날카로운 목소리를 참을 수가 없었거든요. 그래서 그리스에 관해선 한마디도 듣지 못했답니다.

"그런데 하늘에서 뭘 하고 계신 거예요?"

카롤리네가 호기심 어린 말투로 묻자, 오리온이 이야기를 시작했어요.

"말하자면 길단다. 나는 고대 그리스에서 태어났단다. 오리온이란 '땅에서 태어나다'라는 뜻이야. 나에겐 아버지가 세 분 계셨지."

"뭐라고요? 방금 아버지가 세 분이라고 했어요? 어떻게 그럴 수 있죠?"

카롤리네가 말도 안 된다는 듯 따졌어요.

"하지만 사실이야. 세 분 다 신으로, 바다의 신 포세이돈과 신들의 전령인 헤르메스, 그리고 모든 신 중 최고 으뜸가는 제우스였지. 어느 날, 세 신이 변장을 하고 땅 위를 산책하고 있었어. 그들이 신이라는 걸 사람들이 알아채면 안 됐거든. 저녁 무렵, 그들은 한 늙은이를 만났단다. 그리고 늙은이에게 음식을 먹을 만한 곳이 어디 없는지 물어보았어. 몹시 목이 말랐거든.

'저희 집에 가시면 마실 것이 좀 있습니다. 볼품없지만 제 오두막이 바로 저집니다.'라고 늙은이가 말했어. 신들은 고마워하며 노인과 함께 오두막으로 들어갔지. 그리고 노인은 신들에게 포도주 한 주전자를 내왔어.

'음, 정말 맛있는 포도주로군! 제우스, 자네 생각은 어떤가?'

포세이돈이 열광하며 말했지. 노인은 깜짝 놀랐어. 신들의 우두머리인 제우스가 자신의 집을 찾아왔으니 놀랄 수밖에. 그 말을 듣고 나자 노인은 포도주 한 주전자만 대접할 수가 없어, 바람 같은 속도로 음식을 만들어 신들에게 대접했단다. 신들은 음식을 아주 맛있게 먹었지. 집을 나설 때 제우스가 노인에게 이렇게 말했어.

'당신은 우릴 위해 훌륭한 음식을 대접하였소. 소원 한 가지를 말해 보시오.'

'아! 저는 정말로 아이를 원합니다. 제가 살아오면서 지금껏 가장 사랑했던 사람은 제 아내였습니다만, 아내는 아이를 갖기 전에 죽었지요. 그토록 아이를 원했건만……. 제가 가장 바라는 소원은 바로 그것입니다.'

신들은 노인의 소원을 들어주어, 땅에 씨앗을 뿌렸단다. 그리고 열 달 후에 그 자리에서 한 아이가 자라났지. 그 아이가 바로 나란다."

"정말 신기한 이야기예요!"

카롤리네가 큰 소리로 외쳤어요.

"그런데 왜 아저씨는 땅이 아니라 하늘에 있는 거예요?"

"이야기를 계속 들어 보렴. 그래서 그 늙은 노인이 나를 키웠지. 노인과 나는 많은 시간을 숲에서 보냈어. 나는 노인에게서 사냥하는 법을 배웠단다. 사냥은 곧 내가 가장 좋아하는 일이었는데, 사냥의 여신 아르테미스는 내가 사냥하려고 할 때 종종 방해하곤 했단다. 숲 속 동물을 보호하려던 것이었지. 아르테미스는 나에게 너무 많은 야생 동물을 사냥하지 말라고 경고했단다. 그러나 나는 사냥에 완전히 빠져 있었기 때문에 경고를 무시하고 계속 사냥을 하곤 했지. 아르테미스는 그런 나를 줄곧 주시하고 있었어.

한편 아르테미스는 매일 저녁에 해의 신 헬리오스를 위해 달에 불을 붙여야 했단다. 그러나 어느 날 저녁, 나를 감시하느라 달에 불붙이는 걸 잊어버리고 만 거야. 그 사실을 알고 헬리오스는 불같이 화가 나, 내 눈을 멀게 만들었어. 난 그렇게 눈이 먼 채 숲 속을 돌아다니다 그만 우연히 아르테미스가 쏜 화살에 맞고 말았지. 놀란 아르테미스는 날 살리기 위해 제우스에게 날 하늘로 데려가 줄 것을 부탁했고, 그때부터 나는 이곳에 있게 된 거란다."

이야기를 마치기 무섭게 오리온은 다시 모습을 감추었어요. 처음 등장했을 때처럼 서서히 말이에요. 그리고 그 자리엔 오리온자리 별만 남아 있었지요.

"너, 너도 이야기 들었지, 오스카?"

카롤리네가 더듬거리며 말했어요.

"그래, 정말 믿기지 않는 이야기야! 그런데 하늘에 있는 별자리가 오리온자리만 있는 건 아니야. 다른 별자리도 알려 줄까?"

"그야 좋지!"

카롤리네가 궁금해서 조바심을 내며 외쳤어요.

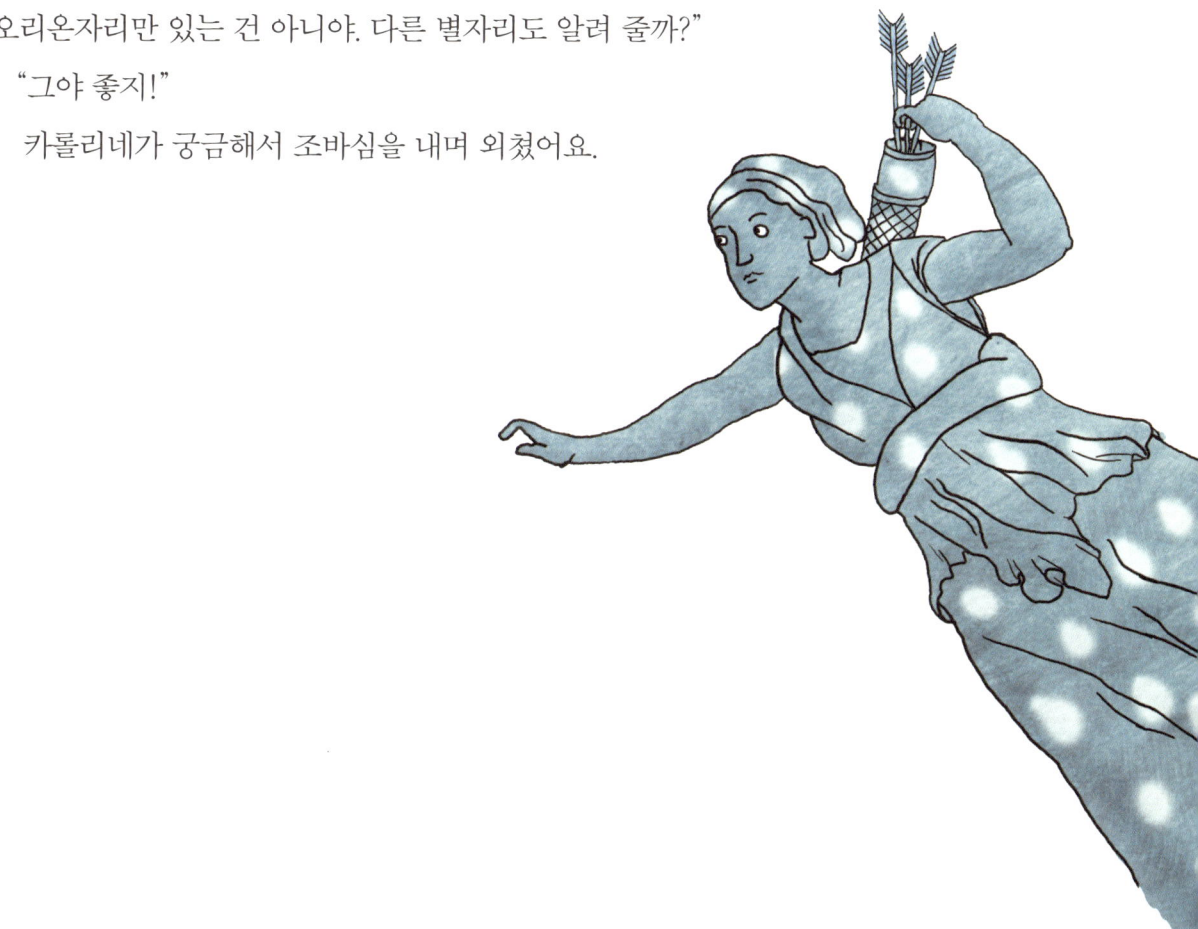

별과 별자리

하늘에 떠 있는 수십억 개의 별은 우리가 상상할 수 없을 정도로 먼 곳에 있어. 수백만 킬로미터쯤 떨어져 있는 별도 헤아릴 수 없을 정도로 많고, 그보다 더 멀리 떨어져 있는 별도 무수히 많아. 그렇기 때문에 우리 눈에는 그 많은 별이 하늘에 떠 있는 작은 점처럼 보이는 거야. 사람들은 이미 3000년 전부터 점들을 이어서 그림으로 만들었고, 그 모양을 별자리라고 했단다.

밤하늘의 별은 지난 4000년 동안 거의 변한 게 없어. 4000년 전 사람들과 지금 우리가 관찰하는 밤하늘이 똑같다는 말이지.

겨울 하늘의 오리온자리

여름 하늘의 거문고자리

실험 : 나만의 별자리 만들기

1. 어두운 밤, 하늘에 떠 있는 별을 내다본다. 그리고 별을 서로 어떻게 연결할지 먼저 생각한다.

2. 종이에 관찰한 별을 그린다. 그리고 그 별을 선으로 이어 본다.

3. 내가 만든 별자리에 이름을 붙인다.

4. 내가 이름을 붙인 별자리를 공책에 붙인다. 나만의 별자리 완성!

고대 그리스 사람들은 자신들이 섬기던 신과 영웅, 동물의 모양을 나타낼 수 있도록 별을 이어서 별자리를 만들었어. 위 별자리 지도를 보면 쌍둥이자리의 폴룩스와 카스토르를 볼 수 있어.

"폴룩스와 카스토르는 쌍둥이였어. 형제는 사이가 좋아서 언제나 붙어 다녔지. 그런데 카스토르가 싸움터에 나갔다가 죽고 말았어."

폴룩스는 죽은 쌍둥이 형제를 정말정말 그리워했지. 그래서 아버지 제우스 신은 폴룩스가 카스토르와 함께 죽음의 세계와 천상을 번갈아 가며 살 수 있게 허락해 주었단다.

"나중에 제우스 신은 두 형제를 하늘로 올려 줬어. 쌍둥이 형제가 언제나 함께할 수 있게 말이야."

황도 12궁

태양이 지나가는 길을 황도라고 하는데, '황도 12궁'은 이 길에 놓여 있는 12개의 별자리로 이루어진 띠를 말해.

지구는 태양 둘레를 돌면서 황도 12궁을 골고루 다 지나간단다. 11월 말에서 12월 중순 무렵이 되면 지구는 쌍둥이자리를 향해 가. 그러면 태양은 황도 12궁 가운데 정확히 반대쪽에 있는 궁수자리를 가리게 되지.

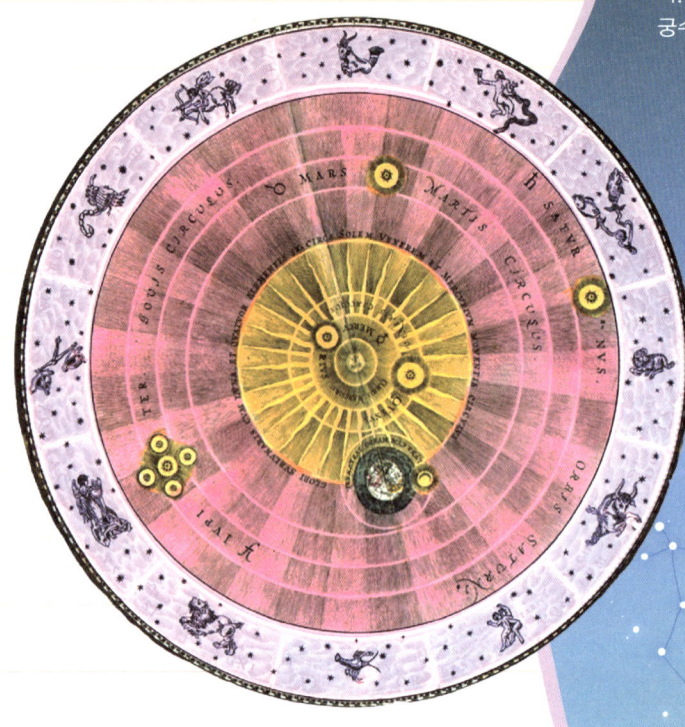

황소자리
물고기자리
양자리
쌍둥이자리
게자리
사자자리

별의 힘

고대 바빌로니아 사람들은 이미 별에 관심을 갖기 시작했어. 바빌로니아 사람들은 별의 위치를 관찰하고, 그것을 판에 기록했단다. 그리고 바로 그 시점에 바빌로니아에서 일어난 일을 함께 기록했지. 별을 보며 어떤 일이 일어날지 미리 알아내려고 했던 거야.

펄쩍펄쩍 뛰어오르는 양자리는 봄의 힘과 생동감을 나타내.

천칭자리는 균형을 맞추는 특성을 지닌 것으로 여겨지. 가을이 되어 밤낮의 길이가 같아지면 모습을 나타낸단다.

그걸 두고 사람들은 "태양이 궁수자리에 있다."라고 해. 12월 말에서 1월 중순 무렵이 되면 지구는 게자리를 향해 움직여. 그럼 염소자리가 가리게 되고, 태양은 염소자리에 있는 거란다.

점성술과 별점

점성술은 사실 완벽한 학문이라고 할 수는 없어. 점성술사들은 태양과 달, 행성, 별자리의 위치를 자세히 관찰해. 그들은 태양이나 달이 어떤 별자리에 위치하는가에 따라 인간에게 미치는 영향이 달라진다고 믿었단다.

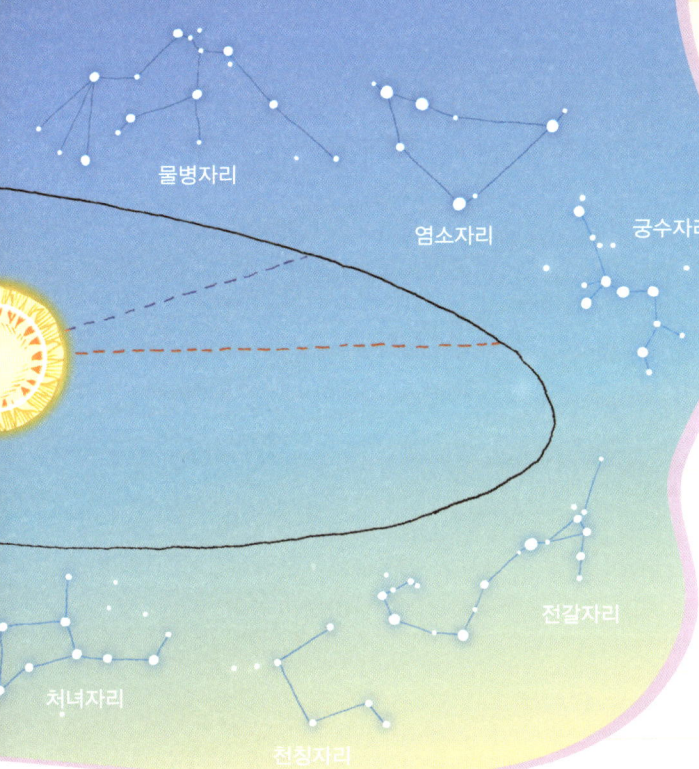

옛날엔 별을 보고 점을 치는 점성술사가 있어서, 왕에게 전쟁이 언제 시작하고 끝나는지 알려 주었어. 또한 곡식은 언제 추수해야 할지 조언하는 역할도 했단다.

옛날에 별점은 왕국 전체를 위해 만들어진 것이었어. 그러다가 개인을 위한 12궁도가 만들어졌지. 예를 들어 점성술사는 사람이 태어나면, 그 시점에 나타난 황도 12궁의 위치를 살펴보았어. 그러고는 태어난 아이의 성품과 특징을 알아보려고 했단다.

"오스카, 네 이야기를 듣고 보니 너무 흥분된다! 우리, 별자리 더 찾아보자."

카롤리네가 소리쳤어요.

"하지만 지구로 돌아갈 때가 되었다는 생각이 들어. 하늘에서 시간을 보내느라 이렇게 시간이 간 줄 몰랐네. 밤이 반 토막이나 달아났다고."

오스카가 말했어요.

"맞아. 시간이 이렇게 빨리 지나간 줄 몰랐어."

카롤리네가 오스카의 말에 동의했어요.

"내가 더블엑스와 접속해 볼게."

오스카가 중얼거리며 무전기를 찾았어요. 먼저 웃옷의 왼쪽 주머니를 찾아보았어요. 거기에 무전기를 넣어 둔 것 같았거든요. 아니, 오른쪽 주머니였나요? 어, 오른쪽 주머니에도 없네요. 오스카는 어디서도 무전기를 찾을 수 없었어요. 무전기가 없으면 어떻게 더블엑스와 접속하죠? 카롤리네는 갑자기 엄청나게 불안해졌어요.

"떨지 마, 아무 일 없을 거야! 틀림없이 어딘가에 있을 거야."

오스카가 카롤리네를 안심시키며 말했어요. 그러나 어디에서도 무전기를 찾을 수 없었어요.

"잃어버린 거 아니니?"

카롤리네가 말했어요.

"이제 무슨 수로 더블엑스가 우리를 다시 지구로 데려가겠니? 무전기가 없으면 우리가 어디 있는지조차 알 수 없을 텐데."

오스카는 몇 걸음 걸어 보려고 했지만, 몸이 제자리에 박힌 듯 움직이지 않았어요. 카롤리네도 마찬가지였어요.

"계속 이렇게 꼼짝없이 갇힌 꼴로 서 있게 되면 어떡하지?"

카롤리네가 절망적인 목소리로 말했어요.

"걱정하지 마! 어떻게든 지구로 다시 돌아가게 될 거야."

오스카의 말이 채 끝나기도 전에 다시 안개가 자욱해지는가 싶더니 오스카와 카롤리네 앞에 별자리 하나가 나타났어요. 이번엔 황소자리였어요. 카롤리네는 이미 여러 개의 별을 살펴본 뒤라, 황소자리를 바로 알아볼 수 있었지요.

"여기서 너를 만나게 되다니 반갑다."

카롤리네가 말했어요.

"너희는 누구냐?"

황소가 물었어요.

"우린 지구에서 왔어. 지금은 우주를 돌아보는 중이야."

"나도 지구에서 왔단다. 좀 더 자세히 말하자면, 그리스의 올림포스에서 왔어. 그곳은 신들이 사는 곳이지. 원래 나는 제우스란다. 그런데 에우로페 공주를 크레타라는 그리스의 섬으로 데리고 가기 위해 황소로 변신했었지. 그걸 기념하기 위해 황소를 하늘로 올려 별자리로 만든 것이란다."

"네가 지구를 알고 있다니 얼마나 다행인지 모르겠다! 지금 지구로 가려던 참인데, 길을 잃었거든. 너라면 분명히 우리를 도와 줄 수 있을 거야."

카롤리네가 말했어요.

"그야 할 수 있지."

황소는 이렇게 말하고 잠깐 생각에 잠긴 듯했어요. 그러고는 이렇게 말했어요.

"한번 해 볼까? 이 몸은 공주를 등에 태우고 갔던 몸. 나는 원래 등이 넓어서 너희 둘 정도는 충분히 태울 수 있어. 자, 올라타! 너희를 지구 근처까지 데려다 줄게."

오스카와 카롤리네는 두말하지 않고 재빨리 황소의 등에 올라탔어요. 그러자 황소는 달리기 시작했고 별과 행성들을 지나갔어요. 얼마 지나지 않아 정말로 지구가 눈앞에 나타났어요.

"자, 아쉽지만 난 여기서 너희와 헤어져야겠다. 참, 한 가지 알려 줄 게 있어. 별똥별을 찾아보렴. 별똥별은 지구까지 가는 길을 훤히 꿰고 있으니까 말이야. 잘 가라."

황소의 등에서 미끄러져 내려온 오스카와 카롤리네는 황소에게 고맙다고 인사했어요. 황소는 한 번 더 큰 소리로 콧김을 내뿜었어요. 그러곤 하늘에서 모습을 감추었지요.

"오스카."

카롤리네가 오스카에게 소리쳤어요.

"저길 봐, 정말로 벌써 지구 가까이 왔어! 여기쯤이면 별똥별이 있을 거야. 별똥별은 종종 지구에 떨어질 때가 있으니까 가는 길에 좀 데려다 달라고 부탁해도 될 거야!"

"와, 그거 좋은 생각이다!"

오스카가 좋아서 환호성을 질렀어요.

"옛날부터 별똥별을 타고 여행해 보고 싶었는데 정말 잘됐다. 아! 그리고 별똥별을 만나면 소원도 빌어야지. 우리 어서 별똥별을 빨리 만나게 해 달라고 기도하자."

오스카와 카롤리네는 두 눈을 꼭 감고 아주 간절히 기도했어요. 기도가 끝난 뒤 눈을 떠 보니, 진짜로 별똥별이 비처럼 사방에서 떨어지고 있었어요. 둘은 운이 좋았어요. 어떤 별똥별의 꼬리를 낚아챌 수 있었으니까요. 별똥별은 둘을 데리고 지구로 향했어요. 마침내 둘은 부드럽게 카롤리네의 침대에 착륙했지요. 더블엑스는 벌써 쿨쿨 자고 있었어요. 그리고 잠자는 더블엑스의 곁에 무전기가 책상 위에 덩그러니 놓여 있었지요.

"나 정말 덜렁이인가 봐!"

오스카가 잔뜩 풀 죽은 소리로 말했어요.

"너무 그러지 마. 모든 일이 무사히 잘 끝났잖아."

카롤리네가 오스카를 위로하며 하품을 했어요. 벌써 동이 트고 있었어요. 카롤리네는 조금이라도 눈을 붙이려면 서둘러야 했지요. 오스카는 카롤리네에게 "좋은 꿈꿔."라고 말한 뒤 그곳을 떠났어요.

2. 파울과 함께한 행성 탐험

파울의 별 사랑은 극진해요. 그래서 파울은 대부분의 시간을 천문관에서 보내곤 하지요. 이러한 사실을 잘 아는 오스카는 천문관에 가면 파울을 만날 거라고 확신했어요. 오스카는 출입문으로 날아 들어가 천문관 반구형 지붕이 있는 넓고 어두운 방에 착륙했어요. 파울이 먼저 아는 척을 했어요.

"안녕, 오스카! 이렇게 다시 만나게 되다니 반갑다."

"그러게. 그렇잖아도 나도 널 만날 때가 되었다고 생각하던 참이었는데."

"별을 살펴보던 중이었어. 나중에 밖에 나가서 비교해 보려고 말이야."

"그럼 우리 지붕 위로 나가 볼까? 날도 어두워지는데."

오스카가 파울의 손을 잡고 커다란 현관 로비를 가로질러 밖으로 나갔어요. 그런 다음 천문관 지붕 위로 날아올랐어요.

"오스카, 여기 밖에서 보는 하늘이나 천문관 안에서 살펴보는 하늘이나 다른 점이 하나도 없는 것 같아. 전부 똑같아."

"그런데 밖에서 하늘을 보면, 이따금 반짝이는 작은 점들이 하늘을 가로질러 가다가 사라지는 것처럼 보일 때가 있어. 그게 뭘까?"

바로 그 순간, 불꽃을 피우면서 어떤 점 한 개가 파울을 향해 날아오는가 싶더니 정확히 파울의 발 앞에 톡 떨어졌어요. 파울은 놀라서 뒤로 한 발짝 물러났지요. 그러자 불꽃을 내며 반짝이는 점이 말을 하기 시작했어요.

"무서워하지 마. 나는 별똥별일 뿐이야."

"그런데 넌 어디서 왔니?"

파울이 물었어요.

"나는 끝없이 먼 곳에서 왔어. 다른 행성의 화산에서 생겨난 몸이란다."

별똥별이 대답했어요.

"그래? 그럼 여기까진 어떻게 왔어?"

파울이 거짓말하지 말라는 듯 못 미더운 말투로 물었어요.

"내가 살던 행성은 아주 작아. 그리고 중력이 별로 센 편이 아니야. 화산이 나를 뿜어냈을 때, 난 아주 멀리 튕겨져 나왔어. 슈웅! 하며 무지하게 빠른 속도로 우리 행성의 가장자리를 벗어나 멀리 날아왔지. 그런데 우리 행성은 나를 다시 끌어 들일 만큼 힘이 세지 않았어."

파울과 오스카는 믿기지 않는다는 듯 별똥별을 바라보았어요.

"왜 그래? 지구엔 중력 같은 잡아당기는 힘이 없나 봐?"

"지구에도 당연히 중력이 있지! 그렇지 않다면 지금 우리는 둥둥 떠다니고 있을걸?"

오스카의 말에 별똥별이 맞장구를 쳤어요.

"그래서 나도 우리 행성의 중력권 밖을 둥둥 떠돌았던 거야."

파울이 이마를 찌푸리며 말했어요.

"최근에 너를 몇 번 본 적이 있는 것 같아."

"나도 누군가 나를 관찰하고 있다는 느낌을 받았어. 그러니까 네가 나를 잡아당긴 거로구나. 그래서 내가 네 발 앞에 떨어진 거고."

별똥별이 말했어요.

"말도 안 돼!"

파울은 그렇게 말을 툭 내뱉어 놓고는 곧바로 후회했어요. 친절한 말투가 절대 아니었으니까요. 미안한 마음에 파울은 서둘러 물었어요.

"행성에 화산이 있다면, 그곳엔 인간도 살고 있는 거 아니니? 응?"

"인간은 아니고, 신과 같은 존재들이 산다고 해야 할걸?"

"아, 그래? 정말?"

파울은 별똥별의 말을 전부 다 믿지는 않았어요. 그래도 이야기는 계속 듣고 싶었지요. 하지만 그때 별똥별이 말했어요.

"이제 너희와 작별 인사를 해야겠다. 불꽃이 점점 사그라지고 있어. 몸에서 불꽃이 사그라지는 것이 우리 별똥별의 운명이지. 안녕, 잘 지내라!"

"잠깐만 기다려! 우리도 너처럼 우주를 여행할 수 있을까?"

파울이 외쳤어요.

"너희가 너희 행성의 중력을 벗어날 수 있다면 문제없지."

이렇게 말하며 별똥별은 치지직 소리를 내며 사그라졌어요. 별똥별이 있던 자리엔 부서진 조그마한 운석 덩어리만 하나 남았지요. 그때 파울에게 불현듯 스쳐 가는 생각이 있었어요.

"그래, 그거야! 작년 여름 할머니와 함께 회전목마를 탔을 때였어. 회전목마가 빨리 돌수록 내가 탄 의자가 점점 더 하늘 높이 날아올랐거든. 만약 우리가 그렇게 돈다면 우리한테도 똑같은 일이 일어나지 않을까?"

"한번 실험해 보는 건 어때?"

그래서 둘은 뱅글뱅글 원을 그리며 돌기 시작했어요. 빠르게 더 빠르게. 그런데 갑자기 둘의 몸이 붕 떠오르더니 마치 두 개의 로켓처럼 하늘로 솟구쳐 올라 지구 대기층을 뚫고 우주로 날아갔어요. 그러곤 정말로 우주를 가로질러 갔지요. 온통 반짝이는 빛으로 가득한 천체가 둘을 감싸고 있었답니다.

"오스카, 저것 좀 봐. 저기 앞쪽에 벌써 행성들이 나타나기 시작했어."

"저 행성들 가까이 한번 가 볼까? 어때?"

"물론 좋지! 아까부터 그러고 싶어서 내내 기다리고 있었는데. 몰랐어?"

우리의 태양계

행성은 우리가 보통 별이라고 하는 항성에 비해 크기가 작고 온도도 훨씬 낮아. 그리고 스스로 빛을 내지 못해. 행성은 태양이 빛을 비출 때만 그 빛을 반사해서 빛을 내지. 우리 태양계에선 8개의 행성이 태양을 중심으로 각자의 궤도를 따라 태양의 둘레를 반복하여 돌아. '행성'은 그리스 어에서 유래한 말로, '떠돌다' 혹은 '떠도는 것'이라는 뜻이야. 우리가 사는 지구 역시 행성이야. 지구를 포함하여 아래의 행성들은 모두 태양계를 이루고 있어.

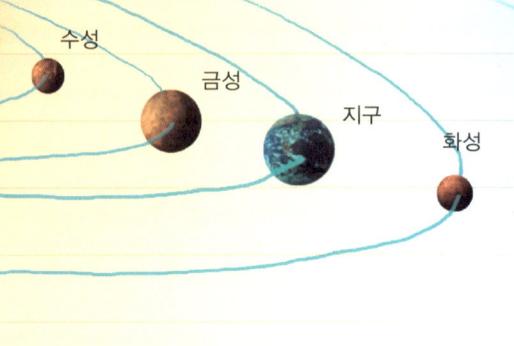
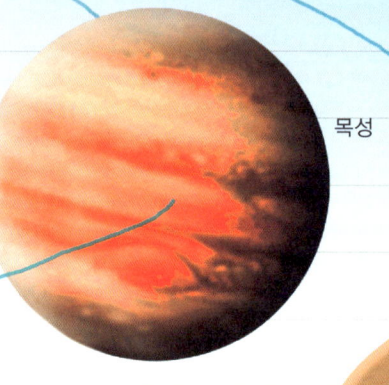

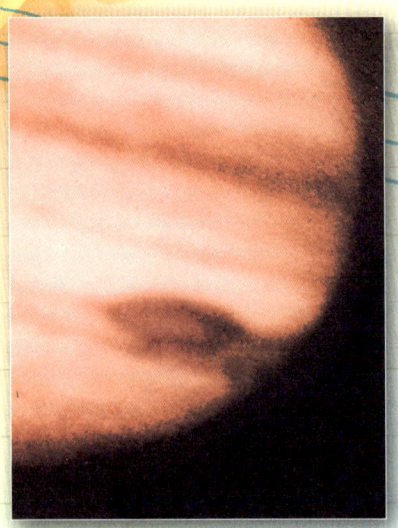

상대적으로 크기가 더 큰 행성들은 행성 대부분이 가스로 이루어져 있어. 그래서 이들 행성을 일컬어 거대 기체 행성 또는 목성형 행성이라고 해.

상대적으로 크기가 더 작은 행성들은 행성의 주성분이 암석으로 이루어져 있어. 그래서 이들 행성을 암석 행성 또는 지구형 행성이라고 해. 지구는 지구형 행성 중 가장 큰 행성이야.

목성형 행성인 목성, 토성, 천왕성, 해왕성은 태양에서 멀리 떨어져 있어. 그래서 태양열의 영향을 덜 받아 표면 온도가 매우 낮아.
지구형 행성인 수성, 금성, 지구, 화성은 태양에서 그렇게 멀리 떨어져 있지 않아. 표면 온도가 가장 높은 행성은 태양에서 가장 가까운 수성이야.

실험 : 뜨거운 온도에서 얼음과 돌은 어떻게 변할까?

1. 그릇에 물을 담아 냉동실에 넣어 두고, 큰 돌 한 개를 준비한다.

2. 물이 얼어서 얼음이 되면, 해가 비칠 때 얼음덩어리와 돌을 함께 양지바른 곳에 둔다.

3. 얼음은 녹고, 돌은 전혀 모습이 변하지 않은 걸 확인할 수 있다. 돌은 햇볕 세기에 따라 따뜻해지는 온도의 변화를 보일 뿐이다.

행성과 태양 간의 거리

- 해왕성 약 45억 1300만 km
- 천왕성 약 28억 8000만 km
- 토성 약 14억 2700만 km
- 목성 약 7억 7800만 km
- 화성 약 2억 2800만 km
- 지구 약 1억 5000만 km
- 금성 약 1억 800만 km
- 수성 약 5800만 km

토성, 천왕성, 해왕성

일반 비행기로 지구에서 태양까지 간다면 20년 정도 걸린단다.

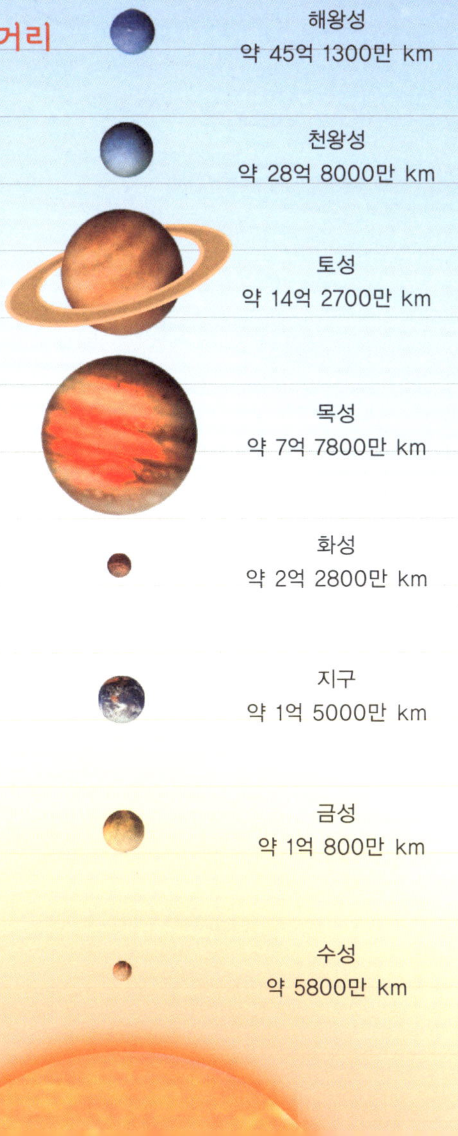

우리의 태양계

여러 종류의 천체

소행성(화성과 목성 사이의 궤도에서 태양의 주위를 도는 작은 행성)은 크고 작은 암석 파편들이야.
혜성은 지저분한 얼음덩어리와 같다고 할 수 있어.

← 혜성

먼지와 얼음으로 이루어진 천체가 우주를 지나다니다 태양에 가까이 다가가면, 이 천체는 혜성이 되어 꼬리를 갖게 돼. 혜성의 꼬리는 수백만 킬로미터에 달하는 것도 있어. 핼리 혜성은 약 76년마다 한 번씩 하늘에 나타난단다.

↑ 소행성

화성과 목성 사이엔 수만 개의 소행성이 떠돌고 있어. 이 소행성들은 암석과 일부 금속으로 이루어져 있지.

혜성은 꼬리가 다 타고 나면 대부분 사라져. 그러나 가끔 혜성의 암석 파편들이 사라지지 않고 남아 있는 경우가 있어. 이 암석 파편들이 지구 대기권에서 타오르다 사라져 없어지는 걸 보고 유성 혹은 별똥별이라고 해. 별똥별은 특히 8월과 12월에 많이 나타난단다.

1066년, 핼리 혜성이 영국 상공을 지나가는 것이 발견되었어. 당시 사람들은 그 혜성이 불운을 가져올 거라고 믿었어. 영국 왕 해럴드 2세가 빌헬름과의 전투에 패하여 주도권을 넘겨준 것을 그 증거로 들었지.

유성, 즉 별똥별이 지구에 떨어질 때가 종종 있는데, 이때 떨어진 별똥을 운석이라고 해. 호바 운석은 지금으로부터 약 8만 년 전 아프리카의 나미비아에 떨어진 운석이야. 이 운석은 지금까지 지표면에 떨어진 운석 가운데 가장 크기가 커. 운석에선 금속 외에 다른 여러 물질을 찾아볼 수 있어.

알아 둘 것!

약 1400만 년 전, 바덴-뷔르템베르크 주의 뇌르트링어리스 지역에도 운석이 떨어졌어. 그곳에 가면 운석 돌멩이들을 모을 수 있지. 그럼 다른 별에서 온 돌과 지구의 돌을 비교할 수 있을 거야. 다른 별에서 온 돌은 어떤 색일까? 또 얼마나 단단할까? 이걸 알아보려면, 사포, 손톱 다듬기용 줄, 쇠붙이용 소형 줄, 못 몇 개, 그리고 작은 망치가 필요해. 사포나 줄, 못으로 긁어 흠집이 나는 정도를 살펴보면, 얼마나 딱딱한지 알 수 있어.

어느덧 오스카와 파울은 행성 가까이 다가갔어요.

"저 행성 좀 봐! 붉은색 불꽃처럼 빛나고 있어. 우리 저리로 날아가 볼까?"

파울이 물었어요. 오스카가 고개를 끄덕였어요. 그런데 이 행성의 중력권 내로 들어가는 게 쉽지 않았어요. 이 행성은 둘을 아주 약하게 끌어당기고 있었거든요. 한참 만에 오스카와 파울은 겨우 붉은 행성에 착륙할 수 있었어요. 그런데 둘이 행성에 발을 내딛자마자 손에 창을 든 키 큰 남자가 나타났어요.

"나의 별에 온 걸 환영한다. 나는 로마 신화에 나오는 전쟁의 신 마르스다. 그래서 나의 별 화성은 '마스(화성의 영어 이름)'라고 하지. 너희는 어디서 왔니?"

키 큰 남자가 인사말을 건넸어요.

"우리는 지구에서 왔어요."

파울이 대답했어요.

"푸른 별 지구에서 왔단 말이지. 너희, 지구 이야기 좀 해 보렴."

"지구엔 동물도 있고 인간도 있어요!"

파울이 대답했어요.

"동물은 몰라도 인간은 내가 썩 좋아하는 편이 아니지."

마르스가 파울이 말하는 도중에 끼어들었어요.

"인간은 함부로 전쟁을 일으켜. 난 전쟁이라면 넌더리가 난다. 나는 평화가 더 좋다. 자연도 사랑하고. 우주 만물 중 내가 가장 좋아하는 건 식물이야."

"그래요? 지구에는 식물이 정말 많아요. 꽃도 있고, 숲도 있어요. 과일, 옥수수, 그리고 채소도 많아요."

그러면서 파울은 신이 나서 식물의 이름을 말했어요.

"잠깐! 그렇게 빨리 말하면 어떡하냐! 안 되겠다. 좀 적어야겠다."

마르스는 파울이 말한 걸 종이에 차근차근 빠짐없이 써 내려갔어요. 파울이 지구의 식물에 관해 말한 뒤였어요. 파울은 갑자기 몸이 아주 가벼워진 느낌이 들었어요. 그러자 오스카가 마르스에게 물었어요.

"화성에 있으니까 내 몸이 마치 깃털처럼 가벼워진 것 같아요. 도대체 어떻게 된 일이죠?"

"중력 때문이란다. 화성은 중력이 아주 약하거든. 너, 지구에서 몸무게가 얼마나 나가지?"

"40킬로그램이오."

오스카가 말했어요.

"그렇다면 우리 화성에선 몸무게가 15킬로그램밖에 안 된단다."

"그거 재밌는걸요!"

파울이 큰 소리로 외치곤 풀쩍 높이 뛰어올랐어요.

"기다려, 나랑 같이 가야지!"

이렇게 소리치며, 오스카는 허둥지둥 마르스에게 작별 인사를 건넸어요.

"잘 가라! 그리고 우주에서 길 잃고 헤매지 않길 바란다!"

뒤에서 마르스가 소리쳤지만 둘은 벌써 사라진 뒤였지요. 오스카와 파울은 호기심 가득한 표정으로 우주를 가로질러 갔어요. 한참이 지난 뒤, 둘은 목성, 즉 주피터와 맞닥뜨렸어요. 목성에 가까이 다가가자, 파울과 오스카는 강하게 빨아들이는 소용돌이에 휘말렸어요.

"이건 정말 믿을 수 없어. 어떻게 이렇게 힘이 셀 수 있지!"

파울의 말이 채 끝나기도 전에 주피터가 파울과 오스카를 자신의 왕좌 앞으로 끌어당겼어요.

"나는 로마 신화에 나오는 주피터다. 신들의 왕이지."

주피터가 우레와 같은 목소리로 아이들에게 인사말을 건넸어요. 파울도 주피터에게 자기소개를 하려고 했어요. 하지만 다리가 후들거려서 서 있기조차 힘들었어요.

"죄송합니다, 주피터 님. 양쪽 다리에 모래주머니를 단 것처럼 제 몸이 엄청 무겁게 느껴져요. 지금 당장이라도 바닥에 주저앉을 것만 같습니다."

파울이 신음 소리를 내며 말했어요.

"저도 그래요. 제 몸무게는 40킬로그램밖에 안 되는데 말이에요."

오스카도 끙끙대며 말했어요.

"네가 지구에서 40킬로그램이라면, 우리 목성에선 93킬로그램이 나간다."

주피터가 말했어요.

"어휴, 이건 도저히 못 참겠어요! 파울, 어서 다른 곳으로 가자."

44

오스카가 소리쳤어요. 하지만 어떻게 목성을 떠난다는 거죠? 목성의 엄청난 중력 때문에 꼼짝도 못하고 있는데 말이에요.

결국 오스카와 파울을 불쌍히 여긴 주피터가 번개를 사용해 이 둘을 다시 목성의 중력이 미치지 않는 곳으로 보냈답니다.

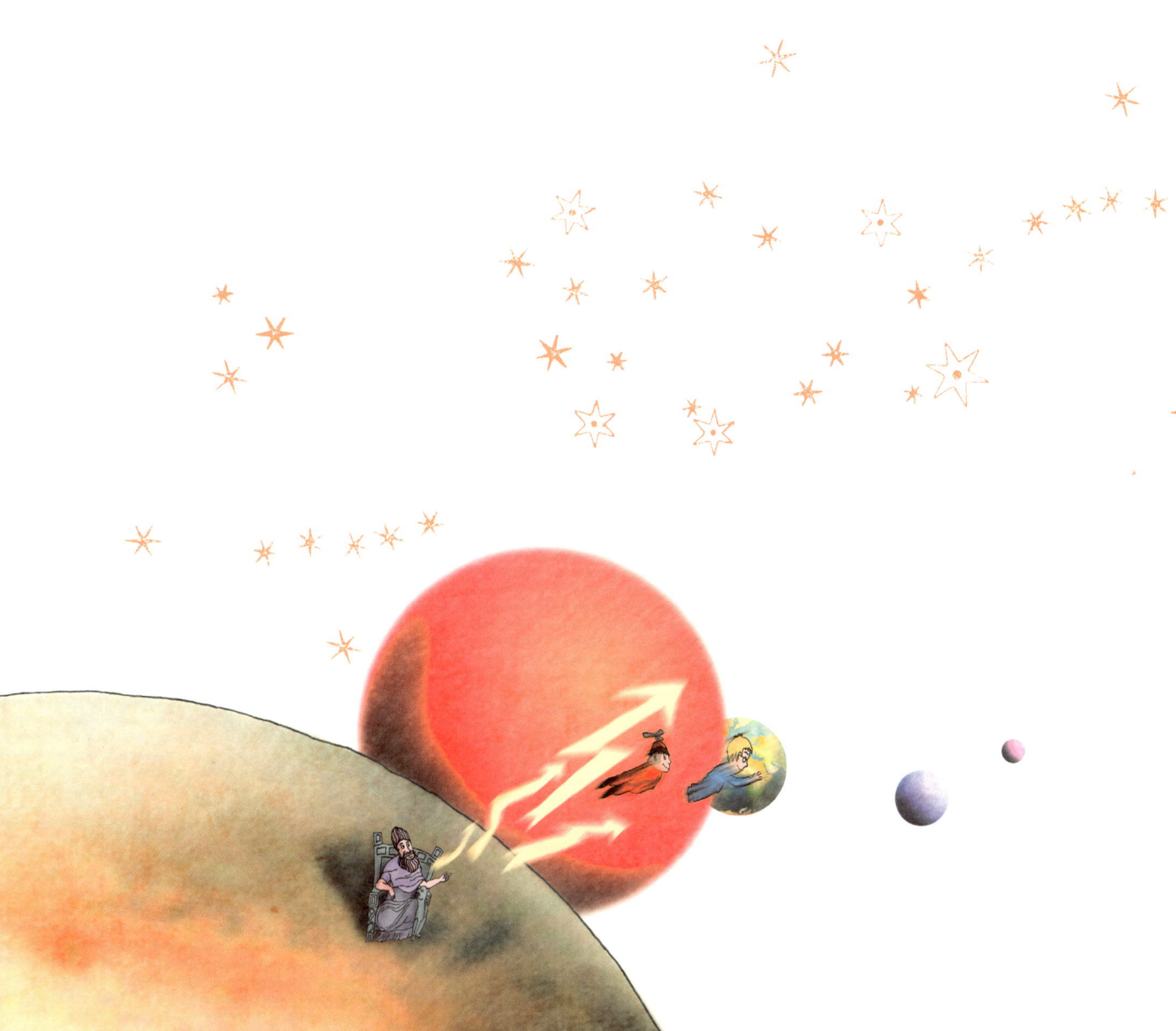

우주

140억 년 전 우주의 모습

- 섬광과 같이 뜨거운 번개에 의해 빅뱅 발생
- 가스 구름 발생
- 항성(별) 생성
- 태양계 형성
- 현재

우주는 셀 수 없이 많은 항성과 행성, 혜성 등 천체의 고향이야. 우리 지구 역시 우주 속 태양계가 고향이지. 우주에는 태양계와 같은 곳이 많이 있다고 해. 하지만 모두 우리가 결코 다다를 수 없을 정도로 먼 곳에 있단다.

우주는 어떻게 생겨났을까?

우주는 어느 한 시점에 생겨난 것으로 추정하고 있어. 말로 표현할 수 없을 정도로 뜨거운 번개가 폭발한 것을 시작으로 보는데, 이것을 '빅뱅'이라고 해. 빅뱅이 일어난 순간을 기점으로 수십 억 년 동안 우주는 끊임없이 팽창을 거듭했어. 지금도 빅뱅은 계속 작용 중이어서, 현재 우주는 더더욱 빠른 속도로 팽창하고 있단다.
왼쪽 그림에서 보다시피, 우주는 밑으로 내려갈수록 부피가 점점 커지는 종 같은 모양이야.

- 약 140억 년 전
- 빅뱅 이후 얼마 뒤
- 1억 년 뒤
- 은하

태양계

태양계에선 모든 것이 태양을 중심으로 돌아. 태양은 우주에 있는 다른 무수한 항성(별)처럼 하나의 항성이야. 그러나 우리에게 태양은 생활의 중심이지. 날마다 태양과 더불어 하루가 시작되고 또 하루가 끝나니까 말이야.

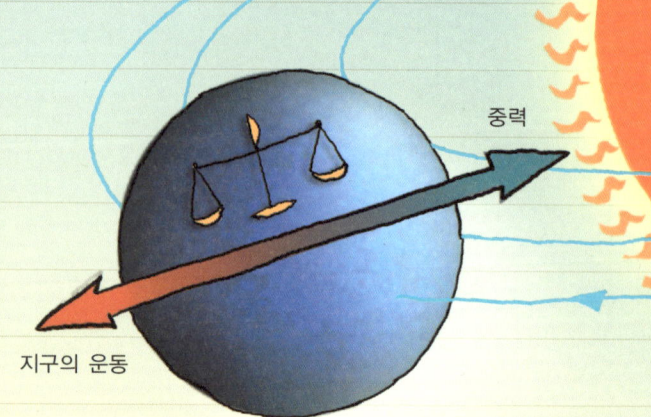

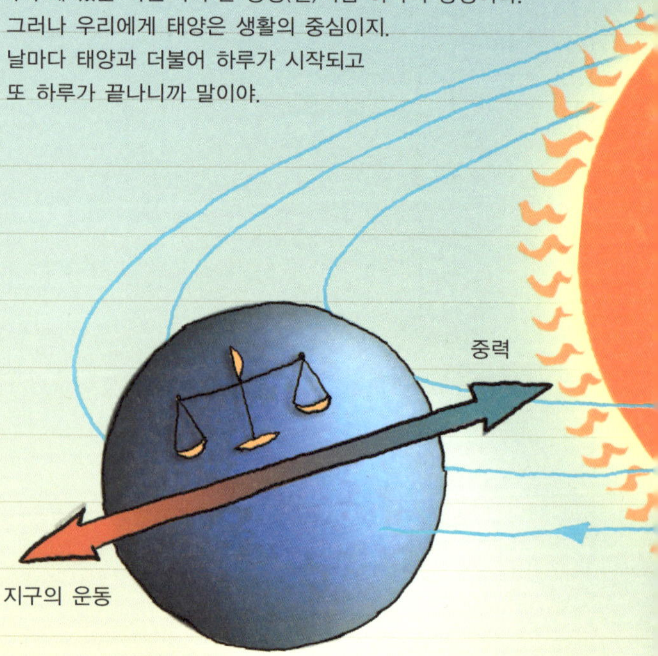

같은 궤도를 그리며 태양의 둘레를 도는 행성

행성이 항상 같은 궤도를 그리며 태양의 둘레를 도는 건 태양의 중력과 행성의 운동 속도 때문이야. 태양이 끊임없이 행성을 끌어당기는 힘과 행성이 운동하며 내는 힘이 평형을 이루거든.

지구가 태양의 둘레를 한 바퀴 도는 데는 365일이 걸려. 또한 지구는 팽이처럼 하루에 한 바퀴씩 자전 운동을 한단다. 우리가 태양을 하루 24시간 내내 볼 수 없는 것도 바로 이 때문이야. 그래서 지구에 낮과 밤이 있는 거지.

> 5억 년 전, 우주에 뜨거운 안개가 생겨났어.

> 안개의 중심부는 타오르며 점점 더 빠르게 끊임없이 회전했지.

> 그러자 안개의 중심부는 점점 더 작아졌고, 마침내 태양이 생겨났어.

> 나머지 먼지와 가스 입자들이 모여 행성이 만들어졌단다.

실험 : 해시계를 만들어 볼까?

1. 햇살이 좋은 날 옥상이나 운동장, 아니면 다른 평평한 곳을 찾아 분필로 커다란 원을 하나 그린다. 원의 한가운데에 파라솔 받침대를 세워 놓고 빗자루 막대기를 받침대에 꽂는다.

2. 낮 12시가 되면, 원 안에 드리워진 그림자를 따라 줄을 긋는다. 그리고 그 위에 12라는 숫자를 써 넣는다. 한 시간 간격으로 원 안에 드리워진 그림자를 따라 줄을 긋는다.

3. 다음 날, 12의 왼쪽에 오전 시간을 표시해 놓는다. 자, 이제 완벽한 시계 숫자판이 완성됐다! 사용하지 않는 반쪽 원은 지워도 된다. 해시계 완성.

고대 그리스 인들은 태양의 신 헬리오스가 아침이면 태양 마차를 타고 나타나 지구에 빛을 비추었다가, 저녁이면 다시 모습을 감춘다고 믿었어.

"우주가 이 정도로 클 줄은 상상도 못했어, 오스카."

파울이 들뜬 목소리로 말했어요.

"그렇게 말할 수도 있겠지. 하지만 저기 좀 봐. 벌써 금성에 거의 다 왔어."

금성은 파울이 지구에서도 자주 보았던 별이에요. 저녁이나 이른 아침이면, 믿기지 않을 정도로 밝게 빛나거든요. 그래서 사람들은 금성을 저녁별 혹은 샛별이라고 불러요. 파울과 오스카가 금성을 향해 날아가자, 금성은 방문객을 맞이하는 것이 사뭇 즐거운 듯 곧바로 둘을 강한 힘으로 끌어당겼어요.

"만나게 되어 반가워, 애들아! 나는 비너스란다. 사랑과 미의 여신이지."

비너스 여신이 소곤소곤 말했어요. 파울도 인사를 했어요.

"우리도 당신을 만나게 되어서 기뻐요, 비너스 님."

"너희는 하늘이 보내 준 선물이 틀림없어. 여기서 한동안 머물다 가렴."

"하지만, 우리는 곧 지구로 다시 돌아가야 해요."

파울의 말에 비너스는 세차게 고개를 저으며 달콤한 목소리로 말했어요.

"아냐, 아냐, 안 되지! 그런 말을 하면 섭섭하지. 너희는 여기 있으렴."

"하지만 그렇게는 안 돼요! 해가 뜨기 전에 다시 지구로 돌아갈 거거든요."

오스카도 합세해서 말했어요.

"그걸 내가 허락할 것 같으냐!"

비너스의 목소리가 갑자기 앙칼지게 돌변했어요.

"너희에게 큐피드의 화살을 쏘겠다. 그럼 너희는 아무 데도 갈 수 없지."

독 안에 든 생쥐 꼴이 된 파울과 오스카. 비너스에게서 빠져나가려면 한시라도 빨리 뭔가 꾀를 내야 할 것 같았어요. 무슨 좋은 생각이 없을까요?

"화 푸세요, 비너스 님. 정 그러시다면 내일 지구로 돌아갈게요."

파울이 부드러운 목소리로 말을 꺼냈어요.

"어머, 착하기도 해라! 이리 와. 여기 앉아서 이야기꽃이나 좀 피워 보자꾸나."

비너스는 아이들에게 장미 향 케이크와 솜사탕을 건네고, 꿀을 듬뿍 탄 맛있는 차를 대접했어요. 둘은 마음껏 먹고 마시며, 비너스의 이야기가 무척 마음에 드는 것처럼 행동했어요. 얼마나 지났을까. 갑자기 오스카가 벌떡 일어서며 외쳤어요.

"어휴, 내 정신 좀 봐! 천문관 문을 닫아야 했는데, 새까맣게 잊고 왔어요. 비라도 와 봐요. 그럼 그 비싼 천체 망원경이 비에 흠뻑 젖게 될 거고, 그럼 나는 당신을 다시는 볼 수 없을 거예요, 비너스 님!"

"하여튼 너 칠칠치 못한 건 알아줘야 한다니까. 어떻게 만날 그러냐!"

파울이 중얼거리며 오스카를 못마땅한 눈길로 바라보았어요.

"비너스 님, 죄송해요. 하지만 최대한 빨리 돌아올게요. 그리고 돌아올 때는 더 많은 친구들을 데리고 올게요. 그때 우리 이곳에서 멋진 파티를 열어요."

비너스는 잠깐 생각해 보더니 오스카의 설득에 넘어간 듯 이렇게 말했어요.

"나쁘지 않은 생각이군. 파티라니, 너무 멋있겠는걸! 어서 서둘러!"

비너스가 입김을 불어 오스카와 파울을 다시 우주로 보내 주었어요.

후유, 겨우 빠져나왔네요. 마지막으로 오스카와 파울은 로마 신화에 나오는 메르쿠리우스의 별인 수성에 가 보기로 했어요. 수성은 지금까지 둘이 가 보았던 행성들 중에 가장 작은 행성이었어요.

"너희, 날 찾아올 생각이라면 서둘러야 할 게다. 난 몸집이 작아서 아주 빨리 달리거든. 안 그랬다가는 궤

도를 유지하지 못해 태양 속으로 떨어지고 말지. 그런데도 너희는 나에게 오고 싶으니? 그럼 내가 끌어 주마."

메르쿠리우스는 오스카와 파울을 바로 그의 발 앞까지 끌어당겼어요.

"나는 신들의 전령 메르쿠리우스란다. 옛날엔 인간에게 신들의 소식을 전해 주었지만, 지금은 멋진 저녁 풍경을 즐기며 만족스럽게 지내지."

파울은 메르쿠리우스가 진짜 재미있는 신이라는 생각이 들었어요.

"나는 태양과 무척 가까운 곳에서 아주 빠른 속도로 궤도를 그리며 돌지. 그런데 이게 전부가 아니야. 여기에선 세상에서 가장 아름다운 일몰 풍경이 펼쳐진단다."

메르쿠리우스의 말이 끝나자마자, 지금까지 본 저녁 풍경 중에 가장 멋진 일몰 광경이 펼쳐졌어요. 그런데 잠시 후 갑자기 파울의 몸이 통통 튀어 올랐어요.

"어어, 왜 이러죠?"

"이곳의 중력이 지구보다 약하기 때문이지."

메르쿠리우스가 파울에게 설명해 주었어요. 그 말이 끝나자 이젠 오스카도 튀어 올랐어요. 그리고 마침내 오스카와 파울은 우주 공간을 지나 다시 천문관 지붕 위로 내려왔어요. 그동안 시간이 얼마나 흐른 걸까요? 그야 잘 모르죠! 중요한 건 둘이 하룻밤 사이에 4개의 행성을 다녀왔다는 거예요.

3. 천체 탐험 여름 캠프

드디어 방학이에요! 미라는 너무너무 신이 났어요. 오후에 엄마가 천체 탐험 여름 캠프에 데려다 주기로 했거든요.

넓게 펼쳐진 풀밭 위엔 텐트가 빼곡했어요. 취침용 소형 텐트, 요리와 식사를 할 수 있는 대형 텐트, 각각 실험실과 도서실로 사용되는 대형 텐트, 그리고 샤워실과 화장실을 갖춘 커다란 차 한 대가 세워져 있었고, 그 너머로 물놀이를 할 수 있는 멋진 호수가 펼쳐졌어요.

미라가 캠프 본부에 가서 참가자 명단을 작성하려고 할 때였어요. 마침 오스카도 참가자 명단을 작성하려던 참이었죠. 그런데 아무리 찾아도 필기도구를 찾을 수 없었어요. 오스카는 흥분해서 이리저리 짐 가방을 뒤적였어요.

"내 펜 빌려 줄까? 나는 미라라고 해."

미라가 친절하게 인사를 건넸어요.

"아, 예쁜 이름이네. 난 오스카야."

오스카도 얼른 자기 소개를 했어요.

"너도 천체 탐험에 참가하니?"

미라가 고개를 끄덕이며 말했어요.

"자, 그럼 내일 아침 실험실에서 만나. 안녕!"

"그래, 안녕!"

오스카가 대답했어요. 미라는 친절한 아이인 것 같았어요.

다음 날 아침, 아이들은 텐트로 만든 간이 실험실에 모여 유명한 천체 연구가인 코스모스 교수님이 오길 손꼽아 기다렸어요.

"반가워요, 하늘을 사랑하는 천체 연구가 여러분."

코스모스 교수님은 아이들을 바라보며 반갑게 인사했어요.

"오늘 어린이 여러분을 위해 깜짝 선물을 하나 준비했어요. 그건 바로 나침반이에요. 나침반이 있으면 동서남북 방위를 쉽게 확인할 수 있어요. 자, 보세요! 어느 방향으로 돌리든 나침반 바늘은 항상 북쪽을 가리킵니다."

"어떻게 그렇게 될 수 있어요?"

미라는 왜 그런지 알고 싶었어요.

"그건 바로 자기장(자기력이 작용하는 자석 주변의 공간) 때문이에요. 자기장은 지구 전체에 골고루 퍼져 있습니다."

교수님은 직접 실험을 통해 그 사실을 보여 주려고 막대자석 한 개를 가져왔어요. 그리고 그 위에 철가루를 뿌렸지요. 마치 무수히 많은 나침반 바늘을 늘어놓은 것처럼 철가루가 자석 주변으로 줄지어 늘어섰어요. 한쪽 극에서 반대쪽 극까지 수많은 선을 그리며 이어졌지요. 이것으로 어린이 탐험 대원들은 자기장의 흐름을 눈으로 확인할 수 있었어요.

"그럼 이제 여러분도 직접 실험해 보세요."

교수님은 아이들 한 명 한 명에게 모두 자석을 나누어 주었어요. 자석은 제각각 모양이 달랐어요. 미라가 받은 건 말굽자석이었어요. 미라가 말굽자석에 철가루를 뿌리자, 말굽의 한쪽 극에서 반대쪽 극으로 철가루가 이어졌어요. 미라는 흥분해서 오스카를 돌아보며 말했어요.

"정말이네! 눈으로 볼 수 없는 힘, 그리고 귀가 있어도 들을 수 없는 힘, 우리

감각으로도 느낄 수 없는 힘, 그런 힘들이 실제로 있었어!"

미라는 크게 손동작까지 해 가며 말했어요. 오스카가 고개를 끄덕였어요.

"있잖아. 나는 세상의 모든 것이 서로 연결되어 있다는 생각을 할 때가 종종 있어. 생각만 해도 아주 긴장돼. 그래서 가끔씩은 너무 생각에 빠져서 주변에서 무슨 일이 벌어져도 알아차리지 못할 때가 있어."

미라가 말했어요.

"나도 그 심정 잘 알아. 나도 이런저런 생각에 잠길 때가 종종 있는데, 그럴 때면 다른 것들은 전부 잊어버리거든."

"자, 그럼 어린이 여러분, 내일 오전에 다시 만나요."

갑자기 교수님의 목소리가 울려 퍼졌어요.

"미라, 점심시간 끝나면 수영하러 갈래?"

"좋지! 그럼 나는 자기장을 다룬 책을 가져가야겠다. 이따 보자!"

호수에서 수영을 한 뒤, 오스카와 미라는 잠시 일광욕을 했어요.

"미라, 그 책 좀 보여 줄래?"

미라가 오스카에게 책을 건네주었어요.

"너, 여기 이 부분 읽었어? 지구에만 자기력이 있는 것은 아니래. 자기력과 같은 힘은 우주 전체에 존재한다는 거야. 모든 항성(별)과 행성은 그 힘의 세기만 다를 뿐 각각 자기 고유의 힘을 갖고 있대."

오스카가 흥분된 목소리로 물었어요.

"그게 그렇게 재미있니? 빌려 줄까?"

"정말? 그렇게 해 준다면 나야 좋지! 참, 잠깐 자기장의 세계로 생각 여행을 갔다 올까 하는데, 너도 갈래?"

"물론 같이 가야지!"

힘의 장

돌

고양이

태양만 끌어당기는 힘이 있는 건 아니야. 행성들도 자기 고유의 인력을 갖고 있어. 모든 물체는 자기 이외의 다른 물체를 끌어당겨. 물체가 모여 한 덩어리를 이루면 그 덩어리엔 덩어리 고유의 인력이 생기는 거야.

인간

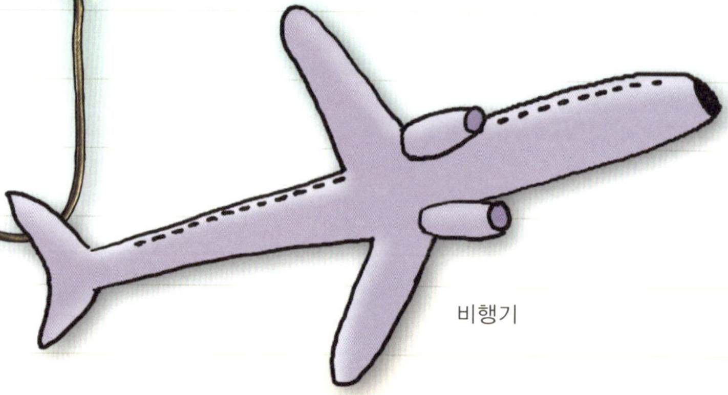

비행기

우리가 지구에서 떨어지지 않는 이유는?

내가 지금 서 있는 곳은 어디일까? 지구의를 보면 북극이 위쪽에 있으니 북극일 거라고? 틀렸어! 내가 서 있는 곳은 중국의 수도 베이징이야.

이제 난 베이징과 정반대쪽에 있는 볼리비아의 라파스라는 곳에 서 있어. 그러면 나는 지구의 중심축을 기준으로 볼 때 아래쪽 표면에 서 있는 셈이야. 물구나무를 선 것처럼 보이지? 그런데도 나는 지구에서 떨어져 나가지 않고 잘 붙어 있어. 지구가 인력으로 나를 단단히 붙잡고 있기 때문이야.

어디에 서 있든 나에겐 항상 서 있는 곳이 위쪽이야.

 태양의 인력은 지구의 인력에 비해 무려 30배나 커.

 지구의 인력

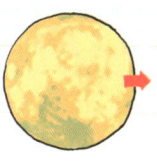 달의 인력은 지구의 인력에 비해 1/6밖에 안 돼.

지구 자기장은 태양풍으로부터 우리를 보호해 준단다. 태양풍은 아주 조금만 지구 표면에 닿아도 지구에 있는 모든 생명체를 다 파괴할 수 있을 정도로 대단한 위력을 가졌지. 지구 자기장은 태양풍이 지구로 직진해 오는 걸 방해하여 다른 방향으로 흘러가게 만들어. 그 결과 태양풍은 지구의 대기권을 뚫고 들어오지 못해. 그래서 우리가 안전하게 지낼 수 있는 거야. 하지만 태양풍의 아주 작은 입자가 지구 자기장에 붙잡혀 대기 최상층의 공기 분자와 반응하여 빛을 내게 될 때가 있어. 주로 극지방에서 볼 수 있는 이 현상을 일컬어 '오로라'라고 해.

지구의 자기장

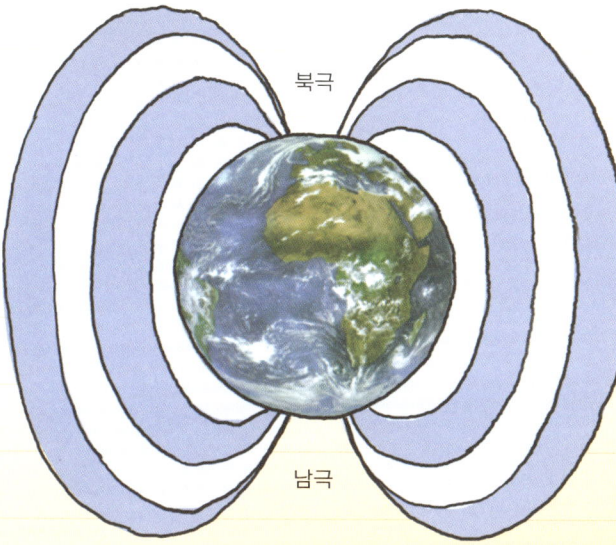

지구는 거대한 자기장에 둘러싸여 있어. 막대자석에서 본 것처럼 북극에서 남극까지 자기력선이 생긴단다.

실험 : 자기력 실험

1. 철가루와 흰 종이 한 장, 막대자석을 준비한다. 제일 먼저 종이 위에 철가루를 뿌린다.
2. 종이를 자석 위에 올려놓는다.
3. 철가루가 일정한 모양을 이루는 모습을 볼 수 있다. 철가루는 자석의 N극에서 나와 S극으로 들어가는 자기력선을 따라서 늘어선다.

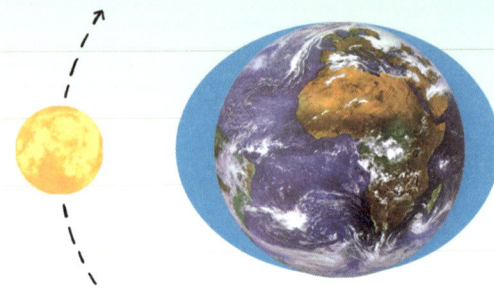

달의 인력

달의 인력은 지구에도 영향을 미쳐. 달을 마주 보는 지표면은 달을 등진 지표면보다 더욱 강하게 달의 인력에 끌리는데, 이건 바닷물도 마찬가지야. 지구가 자전할 때, 달의 인력은 바닷물을 단단히 붙잡고 있지. 이렇게 인력에 따라 해수면에 변화가 생기면서, 조수 간만 현상이 생긴단다. 이것을 만조와 간조, 즉 밀물과 썰물이라고 해. 해수면은 하루에 두 번 상승하는데, 약 6시간이 지나면 다시 내려가. 바다의 깊이가 얕을수록 조수 간만의 차는 더 커진단다.

밀물   썰물

초승달 뜨기 전   초승달   상현달   차오르는 반달   보름달

예전부터 달은 인간에게 아주 중요한 의미였단다. 고대 아라비아 사람들은 달이 막대한 힘을 가졌다고 생각했고, 나아가 달이 지구를 한 바퀴 도는 시간에 맞추어 태음력을 만들었어.

고대 로마에선 달을 '루나'라고 부르고, 달의 변화 주기에 따라 한 달 달력을 만들었지.

태음력에 따른 생활

지금도 농부들은 달의 변화 주기를 따르는 경우가 많아. 상현달이 뜰 때는 바닷물이 불어나듯이 식물의 수액도 늘어나. 반면에 달의 모양이 줄어드는 하현달로 접어들면 식물의 수액도 줄어들지. 그래서 농부들은 상현달이 뜰 무렵에 농작물을 심는단다. 그러면 농작물의 수액이 위로 쭉쭉 뻗어 올라오거든. 반대로 나무를 베는 건 하현달일 때야. 하현달이 되면 줄기의 수액이 줄어들기 때문에 나무가 더 건조해져. 건축 자재로 사용하려면 건조하면서 쉽게 부러지지 않는 나무가 제격이란다.

월식이 뭘까?

월식은 '태양-지구-달'의 위치로 배열될 때, 지구의 그림자가 달을 완전히 가리는 걸 말해. 이때 태양, 지구, 달은 정확히 일직선 위에 놓이지. 그러면 달은 태양 빛을 받지 못하기 때문에 희미하게 빛나는 붉은 공처럼 보여. 왜 완전히 검게 보이지 않느냐고? 지구 지평선 아래에 있는 햇빛이 대기에 굴절되어 달에 비치기 때문이야. 지구에서 월식은 한 해에 두 번 정도 관측된단다.

← 하현달

← 기우는 반달

↑ 그믐달

달은 스스로 빛을 내는 항성(별)이 아니야. 달은 지구 둘레를 돌면서 태양의 빛을 받아 반사해. 그래서 달과 지구, 태양이 어떤 위치에 있느냐에 따라 달 전체가 한눈에 보일 때도 있고, 일부만 보일 때도 있어.

1504년, 크리스토퍼 콜럼버스가 잠시 카리브 해에 있는 자메이카 섬에 머물렀던 적이 있어. 그런데 원주민들이 그에게 음식을 주지 않아, 그들과 싸움을 하게 되었지. 때는 2월 29일, 콜럼버스는 곧 월식이 시작될 거라는 걸 알고 있었어. 그래서 콜럼버스는 부족의 수장들에게 이렇게 말했어. 원주민들이 음식을 주지 않는 걸 신들이 찬성하지 않을 거라고 말이야. 그러면서 서서히 붉게 물드는 달을 가리켰지. 그런데 콜럼버스가 달을 향해 기도를 올리자 달이 다시 밝게 빛났어. 원주민들은 혼비백산하여 콜럼버스에게 음식을 잔뜩 주었단다.

다음 날, 코스모스 교수님은 곧바로 본론으로 들어갔어요.

"자, 오늘은 우주의 자기장에 관해 알아보기로 해요. 우리 태양계부터 시작해 보죠. 여기 책상 위에 있는 구는 자석이에요. 철로 된 건 뭐든 다 끌어당깁니다. 이 구를 태양이라고 가정해 볼까요? 이제 내가 철로 된 이 작은 공을 태양 가까이 가져다 놓으면, 이 공이 태양을 향해 곧바로 굴러가죠. 즉 태양도 이처럼 행성들을 끌어당기고 있는 거예요."

"그런데 왜 행성들은 저 작은 공처럼 움직이지 않죠? 저 작은 공은 동그란 구를 향해 곧바로 굴러갔잖아요. 하지만 행성들은 실제로 태양과 부딪히지 않거든요."

빨강 머리 남자애가 물었어요.

"행성들은 각각 운동을 하는데, 그 움직임 덕분에 태양에 붙잡히지 않고 밖으로 나가려는 고유의 힘을 갖게 돼요. 그리고 그런 행성들의 힘이 태양의 힘과 막상막하를 이루지요. 그 결과 행성들은 태양과 일정한 거리를 두고 궤도를 그리며 태양의 둘레를 도는 거랍니다."

"영원히요?"

미라가 물었어요.

"지금으로선 그럴 것 같네요. 자, 그럼 이번에는 자기만의 태양계를 한번 만들어 볼까요? 점심 먹고 나서 계속 만들어도 돼요. 그리고 오늘 저녁, 야간 산책 시간이 있다는 걸 잊지 마세요."

아이들은 신이 나서 태양계를 만들기 시작했어요. 그리고 정각 10시, 아이들은 한 명도 빠짐없이 모두 야간 산책을 나갔어요. 주위는 꽤 어두웠고, 하늘엔 별이 하나둘씩 드러났지요. 코스모스 교수님은 카시오페이아자리, 오리온자리, 큰곰자리 등 몇 가지 별자리에 관해 자세히 설명해 주었어요.

"큰곰자리의 꼬리 부분에 해당하는 북두칠성을 이용하면 쉽게 북극성을 찾을 수 있어요. 먼저 국자 모양의 북두칠성을 찾은 뒤, 북두칠성 국자의 깊이를 다섯 배 연장해 보세요. 그러면 곧바로 북극성에 다다르게 됩니다. 북극성만 따라가면 자연스레 북쪽으로 가게 되는 것이죠. 이런 방식으로 옛날 선원들은 하늘의 별을 따라 항해를 했어요."

"어어? 다들 어디로 간 거야! 우리밖에 없잖아?"

미라가 중얼거리며 주변을 둘러보았어요. 쏟아질 듯 많은 별을 보느라, 오스카와 미라만 뒤쳐진 거예요.

"자, 가자. 어서 사람들을 찾아야 해."

미라와 오스카는 다시 숲 속을 향해 달려갔어요. 그러나 얼마 뒤에 오스카가 말했어요.

"일단 멈춰 서서 다른 아이들이 말하는 소리가 들리는지 귀 기울여 보자."

둘은 가만히 멈추어 섰어요. 주위가 정말 쥐 죽은 듯 조용했어요. 어디선가 가지가 부러지는 소리가 나더니 어린 부엉이 한 마리가 부엉부엉 울었어요. 여기

저기서 딱딱, 스스슥, 샤삭 뭔가 스치는 것 같은 소리가 들렸어요.

"진짜 으스스하다! 무서워. 저기 좀 봐, 저기 나무 뒤에! 꼭 유령 같아."

미라가 속삭였어요. 그러곤 완전히 넋이 빠진 사람처럼 뒤도 보지 않고 달리기 시작했지요. 오스카도 덩달아 미라를 따라 달렸어요. 그러다 그만 발이 걸려 넘어지고 말았어요. 미라는 어느새 어둠 속으로 사라지고 없었지요.

"미라! 거기 서!"

오스카가 외쳤어요.

"나 여기 있어, 오스카!"

오스카는 목소리가 들리는 방향으로 천천히 걸어갔어요. 그러자 무서워서 벌벌 떠는 미라의 모습이 보였지요. 그런데 그 순간 미라의 뒤쪽에서 한 줄기 빛이 비쳤어요.

"미라, 걱정하지 마. 저기 뒤쪽으로 불빛이 보여. 틀림없이 캠핑장일 거야."

오스카와 미라는 불빛을 향해 갔어요. 이제 막 캠핑장으로 들어서는 다른 아이들의 모습이 보였어요. 둘은 아무 일도 없었다는 듯 아이들의 무리에 끼었어요. 그래서 코스모스 교수님은 미라와 오스카가 잠시 행방불명되었던 걸 전혀 알아채지 못하셨지요.

"오늘 밤 여러분에게 한 가지 비밀을 알려 줄게요."

교수님이 엄숙하게 말했어요.

"어떤 별이 수백 년 전에 폭발했어요. 그런데 오늘에서야 그 별이 보일 거예요. 왜냐하면 그 별은 상상할 수 없을 정도로 지구에서 멀리 떨어져 있기 때문이에요. 별이 폭발할 때 생기는 빛이 지구까지 도달하려면 오랜 시간이 걸리기 때문이죠."

"정말요? 전 항상 빛이 번개같이 빠르다고 생각했어요."

미라가 놀라며 말했어요.

"그 말도 맞아요. 그런데 대체 우주가 얼마나 크길래 빛의 속도가 그렇게 빠른데도, 지구까지 오는 데 그처럼 오랜 시간이 걸릴까요? 다들 생각해 보세요."

그렇게 말한 뒤 교수님은 아이들에게 잘 자라는 인사를 했어요.

"오스카, 나는 오늘 밤 잠이 오지 않을 것 같아."

"그럼 우리 자지 말고 빛의 속도에 대해서 좀 알아볼까?"

"너 최고다! 진짜 흥분돼서 잠이 안 올 것 같았는데!"

미라가 기뻐하며 말했어요.

시간과 공간

빛은 우주 공간 구석구석을 쉬지 않고 훑고 다녀. 이 빛은 우주에 존재하는 수많은 은하에서 온 거야. 은하란 거대한 별의 무리를 일컬어. 우리 태양계는 은하수라고도 하는 우리은하에 속해 있단다.

우리은하와 모양이 비슷한 안드로메다은하야. 안드로메다은하에 도달하려면 약 200만 광년이 걸려.

시간과 공간은 서로 연결되어 있어. 우리는 특정한 시간에 지구에서, 아주 멀리 떨어져 있는 별의 빛을 보지. 우리가 지금 보고 있는 별도 알고 보면 그 빛이 이미 수백만 년 전에 길을 떠나온 것이란다. 그러니까 지금 우리 눈에 보이는 별이라고 해도 그 별은 벌써 오래전에 사라져 없어졌을지도 몰라.

1광초	약 30만 킬로미터
1광분	약 1800만 킬로미터
1광시	약 10억 킬로미터
1광일	약 260억 킬로미터
1광년	약 10조 킬로미터

빛은 아주 빠른 속도로 지나가. 1초에 30만 킬로미터의 속도로 달리지. 이걸 광초라고 해. 광초는 시간이 아니라 거리를 측정하는 단위야.

UFO(유에프오, 미확인 비행 물체)

유에프오는 다른 별에서 온 것으로 추정되는 원반 형태의 우주선을 말해. 이 우주선을 조종하는 건 외계인이라는 뜻이야. 그런데 지구에서 유에프오를 봤다고 주장하는 사람들이 계속 나타나고 있어.

우주 비행

1962년, 지구에서 최초로 우주 탐사선을 금성으로 보냈어. '매리너'라는 이름의 무인 탐사선으로 행성에 도달하면 로봇처럼 독자적으로 행성의 표면을 조사하는 관측 기구였어. 보통 무인 탐사선은 사진 촬영이나 비디오 촬영을 하는데, 막상 지구로 돌아오는 탐사선의 수는 얼마 안 돼. 많은 탐사선이 태양계를 벗어나 우주 공간을 떠돌고 있단다.

1972년 3월 3일, 우주 탐사선 파이어니어 10호가 우주 탐사를 시작했어. 이 탐사선은 최초로 목성과 목성 주변의 소행성대를 탐사하고 정보를 보내 왔지. 탐사선 안에는 도금한 알루미늄 명함이 실려 있었단다. 이 명함은 지구에 관한 설명(태양계의 위치와 모습, 여성과 남성, 파이어니어 호의 진행 방향, 수소의 원자 모형 등을 그려 넣음)과 함께 지구로 오는 경로도 저장되어 있었어.

다음 날 아침, 아이들은 다시 천막 실험실에 모였어요. 오스카만 빼고요. 이번에 빛에 관해 배우는 시간이었어요. 코스모스 교수님은 빛이 얼마나 빠른지를 보여 주려고 했어요. 교수님은 우선 작은 검은색 텐트를 쳤어요. 안으로 전혀 빛이 새어 들어오지 않았지요. 검은색 텐트 안엔 바늘구멍만큼 작은 구멍이 뚫린 벽이 있었어요. 교수님이 그 구멍 앞에 촛불을 가져갔어요. 그러자 텐트 반대쪽 벽에 밝은 빛줄기가 나타나는 게 보였어요. 빛줄기는 검은 텐트 벽에 점과 같은 조그만 광점을 남겼어요. 아이들도 한 명씩 텐트로 들어가 구멍 앞에 촛불을 대었죠. 빛이 얼마나 빠른지 보기 위해서 말이에요. 그 순서가 다 끝나자, 코스모스 교수님이 말했어요.

"자, 이젠 다른 종류의 실험을 소개하려고 해요. 이 실험은 여러분이 머릿속으로 하는 생각 실험입니다."

그때 오스카가 들어왔어요.

"늦어서 죄송해요."

오스카가 중얼거리며 미라에게 책을 돌려주었어요. 하지만 미라는 오스카를 건성으로 보고는 서둘러 의자 아래로 책을 밀어 넣었어요. 코스모스 교수님과 아이들에게 자기가 했던 생각 실험에 관해 이야기해 주고 싶어 마음이 급했거든요.

"생각 실험은 저도 자주 하는 거예요. 얼마 전 기차역에서 기차를 기다리고 있을 때, 고속 전철이 지나갔어요. 식당 칸에서 서빙 하는 사람이 커피 잔에 커피를 따르고 있었는데, 서빙 하는 사람에게는 커피가 일직선으로 커피 잔으로 흘러 들어가는 것처럼 보였을 거예요. 어쨌거나 제가 생각했을 땐 그래요. 그런데 기차역에 서 있던 제 눈엔 커피가 커다란 부채꼴 호를 그리며 커피 잔에 떨어지는 것처럼 보였어요. 이유가 뭘까요? 기차의 속도 때문인가요, 교수님?"

"네. 미라의 추측이 맞아요. 미라가 보고 있는 동안에도 커피를 따르는 장면은 미라의 눈앞을 지나가지요. 그래서 미라의 눈엔 넓게 호를 그리는 것처럼 보이는 거예요. 그뿐만 아니라 기차가 지나가는 사이에 시간도 변한답니다."

"지나가는 기차의 시간은 기차역의 시간과 다른 시간이라는 뜻인가요?"

오스카가 물었어요.

"물리학자들이 그걸 증명했어요. 지구를 돌며 비행기에서 시간을 쟀는데, 정말로 비행기 안에서의 시간이 땅 위에서의 시간보다 더 늦게 갔다고 해요."

"정말요? 믿을 수 없어요!"

오스카가 깜짝 놀라며 말했어요. 오후가 되자 오스카와 미라는 다시 호숫가에서 만났어요.

"너, 내 책 돌려줘야 하는 거 잊지 않았지?"

미라가 오스카에게 말했어요.

"저녁 식사 때 가져다 줄게."

그런 다음 둘은 수영하러 물에 들어갔어요. 오스카가 다시 텐트 숙소로 돌아왔을 때였어요.

"아, 맞다! 미라에게 돌려줄 책이 있었지!"

오스카는 텐트 안을 둘러보았어요. 하지만 책은 어디에서도 찾을 수가 없었죠. 할 수 없이 오스카는 빈손으로 저녁 식사를 하러 갔어요.

"미라, 너한테 고백할 게 있어. 너한테 빌린 책 말이야, 잃어버린 것 같아."

"괜찮아. 분명히 어딘가 있을 거야. 천막 실험실은 찾아봤어?"

둘은 천막 실험실로 들어갔어요. 오스카는 아까 수업 시간에 앉았던 자리를 살펴보았어요. 그러곤 풀 죽은 모습으로 고개를 저었지요. 그때였어요. 미라가 자기 의자 밑에서 책을 꺼내며 소리쳤어요.

"이제 생각났다! 오늘 아침에 너, 나한테 돌려줬잖아. 내가 생각 실험 이야기를 할 때 말이야. 미안해, 오스카! 내가 새까맣게 잊고 있었어."

오스카가 웃으며 말했어요.

"비겼네, 우리!"

어두워지자 오스카와 미라는 마지막으로 함께 별을 바라보았어요. 그리고 둘은 곧 서로의 집을 방문하겠다고 약속했지요. 둘 다 그 약속만큼은 잊지 않겠죠?

4. 비밀 미션을 안고 우주로!

주변이 서서히 밝아지면서, 오스카의 발 아래로 우주 정거장이 모습을 드러냈어요. 우주선 옆에는 에두아르트 씨가 강아지를 데리고 서 있었어요. 오스카는 정거장으로 내려와 에두아르트 씨에게 인사말을 건넸어요. 에두아르트 씨는 환경 연구 학자예요. 이번에 우주에서 비밀 미션을 수행하기 위해 첫 우주여행을 떠난대요. 오스카도 함께 말이지요. 에두아르트 씨가 말했어요.

"우리는 태양에 아주 근접해 있는, 알려지지 않은 행성을 탐사하게 될 거란다. 우리가 타고 갈 우주선을 조종할 팔름스트룀 군이야. 팔름스트룀 군은 아주 숙련된 우주견으로 유명한 우주견 학교를 나왔고, 라이카 선생 밑에서 배웠어. 라이카 선생은 최초로 우주로 날아간 개란다. 그런데 가슴 아프게도 그 여행길에서 다시 돌아오지는 못했어. 팔름스트룀 군은 지금도 그 이야기만 나오면 슬픔에 잠기곤 하지."

오스카는 팔름스트룀의 앞발을 잡고 악수를 했어요.

"만나서 반가워. 이름이 뭐라고 했더라? 한 번만 더 말해 주겠니?"

"팔름스트룀. 팔, 름, 스, 트, 룀이라고 해요. 그럼 이제 출발합니다!"

팔름스트룀이 씩씩한 목소리로 외쳤어요. 셋은 모두 우주복을 입었어요. 그런 다음 우주선 안에 있는 각자의 침대에 누워서 카운트다운을 기다렸지요. 10, 9, 8, 7, 6, 5, 4, 3, 2, 1! 순식간에 우주선이 우주로 날아올랐고, 눈 깜짝할 사이에 달을 지나갔어요. 잠시 후 컴퓨터에 "출발 종료. 기상!"이라는 신호가 떴어요.

에두아르트 씨는 침대에서 나오기 무섭게 로켓처럼 튀어 올랐고, 그 상태로 우주선 천장에 매달렸어요. 놀란 에두아르트 씨는 양손으로 천장을 밀치며 다시

침대에 내려앉았지요. 팔름스트룀이 소리 내어 웃으며 말했어요.

"무중력 상태라서 그래요. 모든 것이 다 가벼워지거든요. 그러니 두 분 모두 지구에서처럼 많은 힘을 쓸 필요가 없어요. 우주 공간엔 지구에서처럼 인력이 존재하지 않으니까요. 천천히 움직이세요. 그렇지 않으면 공중제비만 돌게 될 거예요."

에두아르트 씨는 노를 젓듯 두 팔을 조심스럽게 저으며 움직였어요.

"이젠 우주복을 벗으셔도 됩니다."

팔름스트룀의 말에, 에두아르트 씨와 오스카는 먼저 헬멧부터 벗었어요. 오른쪽 팔에 달린 거울로 헬멧 지퍼를 정확히 볼 수 있어서 혼자서도 헬멧 지퍼를 열 수 있었거든요. 둘은 벽에 붙은 옷걸이에 우주복을 걸었어요.

에두아르트 씨는 팔과 다리를 저으며 거북같이 느린 속도로 짐칸으로 갔어요. 그곳엔 아저씨의 연구실이 마련되어 있었어요. 에두아르트 씨는 상자 안에 든 실험용 도구들을 한 번 더 점검해 본 다음, 지구에서 가져온 세균을 살펴보았어요.

팔름스트룀은 조종석에서 항로를 조정하고 있었어요. 그리고 지구와 교신하며, 우주선에 있는 컴퓨터의 자료와 지구에서 보내온 자료를 비교했어요. 모두 정상이었어요. 팔름스트룀은 에두아르트 씨에게로 갔어요.

"연구실은 다 정상인가요?"

"그래, 모두 최상이야. 세균도 정상적으로 활동을 시작했어. 세균 상자도 나무랄 데 없이 잘 싸여 있더군."

에두아르트 씨와 팔름스트룀은 다시 조종실에 있는 오스카에게로 돌아갔어요. 오스카는 호기심 어린 눈으로 우주선 창밖에 비친 우주를 내다보고 있었어요. 그러다 갑자기 오스카가 소리쳤어요.

"저건 대체 뭐예요? 우주 공간에 물건들이 날아다니고 있잖아요."

"진짜네. 여러 부속품이 많이도 떠다니고 있군."

"우주 쓰레기예요. 우주 쓰레기는 한 번 궤도를 타기 시작하면 영원히 우주 속을 맴돌게 되지요. 저 부품들은 아마 추진 로켓이 폭발하면서 나온 잔해물일 겁니다."

팔름스트룀이 설명해 주었어요.

"그렇군. 가까이서 한번 보고 싶은데. 아저씨, 괜찮죠?"

오스카가 물었어요. 팔름스트룀과 에두아르트 씨도 오스카의 의견에 동의했어요.

우주를 떠도는 부유물

우주에서 궤도를 그리며 운동하는 건 천체뿐만이 아니야. 약 50년 전부터 지구에선 로켓, 우주 탐사선, 인공위성 등을 우주로 발사하기 시작했어. 그러다 보니 이들로부터 각종 파편들이 생겨나기 시작했지. 그래서 이때부터 우주 쓰레기가 발생한 거야. 우주 쓰레기는 아주 빠른 속도로 태양계를 지나다니고 있어서 다른 우주선에 부딪힐 경우 선체에 위험을 줄 수도 있어.

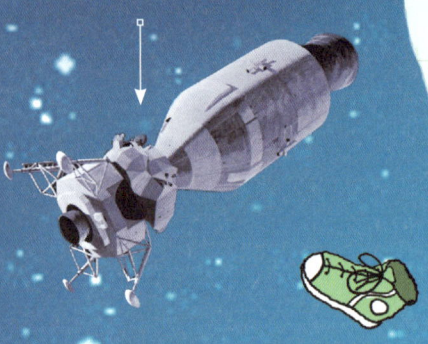

우주 비행사들이 우주선을 타고 우주로 날아가고 있어.

우주 탐사선엔 사람이 타지 않아.

인공위성은 지구의 어느 한 지점에서 받은 소식을 지구의 다른 한 지점으로 전달해 준단다.

우주에서 생활하기

우주선 안이나 우주 정거장 등 우주에서 생활하는 것은 지구에서 생활하는 것과 많이 달라. 어떻게 다르냐고?

이곳에선 더 이상 지구 인력의 영향을 받지 않기 때문에 몸이 아주 가벼워.

두 발을 딛고 껑충 뛰어오르는 걸 할 수 없어. 몸이 뛰어오르지 않고 둥실둥실 떠다니거든!

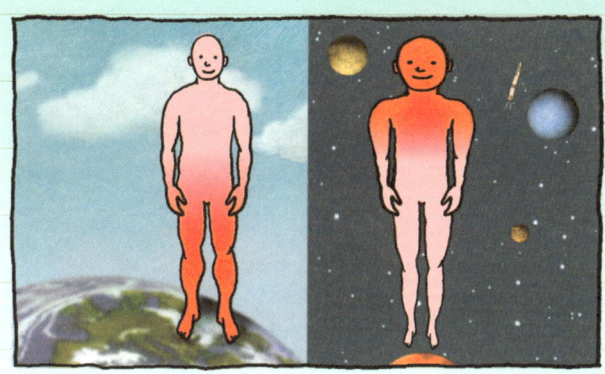

지구에서 우리 몸속의 체액은 아래로 향하고, 심장은 반대로 펌프질을 해서 체액을 끌어올린단다. 그렇게 하지 않으면 피가 뇌로 전달되지 못하거든. 그런데 우주에선 몸속 체액이 머리로 쉽게 올라간단다. 그래서 우주 비행사들은 얼굴이 붓고 다리는 가늘어져.

무중력 상태에서 오래 있으면 근육을 쓸 일이 별로 없어서 근육이 약해져. 그래서 우주 비행사들은 다리 근육이 약해지지 않도록 날마다 다리 운동을 해. 나중에 지구에 돌아와서 걷는 게 힘들지 않도록 말이야.

390킬로미터 상공에서 거대한 우주 정거장이 지구를 돌고 있어. 이 우주 정거장은 축구장 한 개 크기만 해. 이곳에서 우주 비행사들은 여러 달 동안 머물면서 관측이나 실험을 한단다.

무중력 상태에선 손놀림 하나하나가 무척 어려워. 무중력 상태에서 우주 비행사들이 혼자 힘으로 구두끈을 맨다는 건 어림도 없는 이야기란다.

우주에서의 생활

먹고 마시기

우주에서 먹고 마시는 일은 결코 간단한 일이 아니야. 무중력 상태에선 차가 찻잔에 담겨 있지 않고 방울방울 공중으로 흩어져. 그렇기 때문에 무엇이든 전부 꼭 봉해야 해. 무게를 줄이기 위해 음료수는 가루 형태로 비닐봉지에 담아서 운반한단다. 봉지 속 내용물을 물과 섞으면 레모네이드나 사과 주스 완성! 우주 비행사들은 비닐봉지 지퍼에 붙어 있는 특수 빨대를 이용해서 음료수를 마셔. 음식은 모두 통조림 상태여서, 물과 섞은 다음 전자레인지로 데워 먹지. 음식은 항상 어딘가 고정하거나 묶어 둔 상태에서 먹어야 해. 안 그러면 우주선 내부를 제 멋대로 떠놀아다닐 테니까 말이야.

잠자기

우주선 안의 붙박이 침대는 아주 작아. 우주 비행사의 몸 하나 들어갈 크기지. 우주 비행사는 침낭 속에 들어가서 잠을 잔단다. 침낭에 들어가서는 다리, 배, 머리 위에 벨트를 채워. 침대 바닥에 얌전히 누워 있을 수 있도록 말이야. 대부분의 우주 비행사는 우주에서 잠을 잘 자. 무중력 상태에선 숨쉬기가 더 쉽기 때문이지.

우주선 화장실

우주 비행사들도 당연히 화장실에 가. 오줌이 마려우면, 호스에 대고 볼일을 봐. 하지만 큰일을 봐야 할 땐 우주선 화장실에 가. 변기는 꼭 경운기 의자처럼 생겼는데, 의자 한가운데 구멍이 뚫려 있어. 볼일을 볼 땐, 앉은 자세를 유지할 수 있도록 넓적다리를 고정한단다. 볼일을 보고 나면 물이 아니라 강한 공기가 변기 속으로 펌프질하듯 들어갔다 나왔다 하며 공기를 아래쪽으로 빨아들여. 그 힘에 휩쓸려서 볼일 본 것들이 함께 빠져나가지. 우주선의 무게를 줄이기 위해 전부 우주 공간으로 날려 보내는 거야.

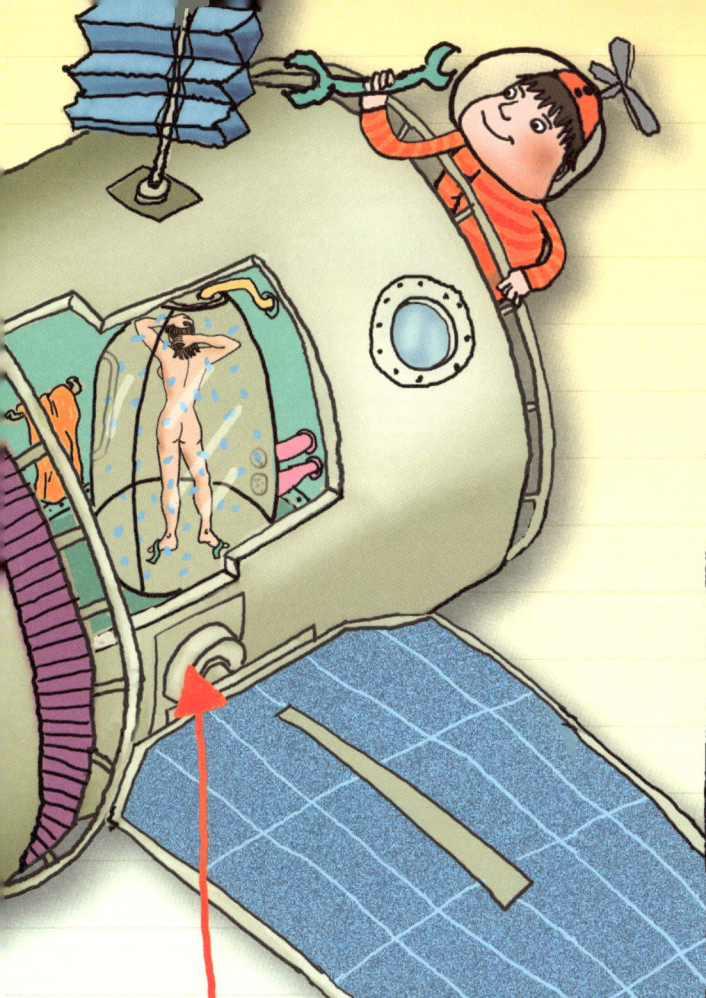

실험 : 무중력 상태는 어떤 느낌일까?

수영장에서 무중력 상태를 느껴 볼 수 있다. 물속에 들어가 물 위에 등을 대고 위를 향하여 반듯이 누워 힘을 빼면 몸이 물에 둥둥 뜬다. 완벽한 무중력 상태는 아니어도 무중력 상태가 어떤 것인지 조금은 느낄 수 있다. 물의 부력이 몸을 둥둥 뜨게 해 주는 것이다.

깜짝 퀴즈

Q. 우주선에선 왜 거의 모든 물건에 매직테이프가 붙어 있을까?

A. 물건을 배르고 은은하게 고정시키기 안성맞춤이, 안 그러면 물건이 무중력 상태로 우주선 내부를 마구 떠돌아다닐 테니까.

씻기

우주선에서도 씻을 수 있어. 칸막이로 된 샤워실이 있거든. 샤워기 꼭지에서 물이 나오긴 하는데, 지구에서와 달리 물이 아래쪽으로 흐르지 않고, 물방울이 우주 비행사의 몸을 감싸고 돌아. 다 쓴 물은 아래쪽에서 빨아들여 내보낸단다. 또한 무중력 상태이기 때문에 물방울이 몸에 붙어서 떨어지지 않아. 우주 비행사들은 물이 다 마를 때까지 기다리거나 수건으로 물기를 잘 닦아야 해.

갑자기 우주선이 심하게 요동치기 시작했어요. 에두아르트 씨와 팔름스트룀, 오스카 모두 조종실 이곳저곳으로 날아다녔어요. 그러다 팔름스트룀이 가까스로 옷걸이의 고리 한쪽을 낚아채 꽉 움켜잡았어요. 다음 순간 에두아르트 씨가 곧바로 팔름스트룀에게 날아와, 팔름스트룀의 오른쪽 발을 잡았지요. 둘은 옷걸이 고리에 매달린 채 흔들거렸어요. 얼마쯤 지났을까요? 요동치던 우주선이 잠잠해졌어요.

"아까 그건 뭐였지?"

에두아르트 씨가 물었어요.

"아마 우주 먼지였을 거예요. 우주 먼지란 우주 공간에 흩어져 있는 작은 먼지 입자들이에요. 이 먼지 입자들은 믿을 수 없을 만큼 빠른 속도로 우주 공간을 돌아다녀요. 우주 먼지가 우주선과 충돌하면, 작은 입자라도 아주 큰 피해를 입힐 수 있어요. 다행히 우리 우주선은 겉껍데기가 매우 단단해서 아무런 피해도 입지 않았습니다."

팔름스트룀이 설명했어요. 그때 컴퓨터에 식사 시간을 알리는 불이 들어왔어요.

"우주선에서도 우주 비행사를 위한 식품이 있습니다. 무중력 상태이기 때문에 이 관을 통해 음식물을 섭취하지요. 지구에서 빨대로 음료수를 마시는 것과 같다고 할 수 있어요."

에두아르트 씨와 오스카는 딸기 푸딩 맛을 골랐어요. 팔름스트룀은 애견 비스킷 맛을 골랐고요. 셋은 빨대를 쪽쪽 빨며 맛을 느껴 보았어요. 정확히 한 시간 뒤, 컴퓨터에 취침 시간을 알리는 메시지가 떴어요.

셋은 우주선 침대에 눕자마자 곧바로 잠들었어요.

에두아르드 씨와 팔름스트룀은 잠들기

전 안전띠를 맸어요. 하지만 오스카는 안전띠 매는 걸 깜박 잊었지요. 잠시 후, 오스카는 잠이 든 채로 우주선 안을 둥실둥실 떠다녔어요. 그러다가 에두아르트 씨의 침대로 날아가 부딪히고 말았어요.

"너 지금 내 배 위에서 뭘 하는 거냐?"

그러나 오스카는 아저씨의 말을 전혀 듣지 못했어요. 아기처럼 쌕쌕거리며 계속 잠을 자고 있었기 때문이죠. 에두아르트 씨가 몸을 옆으로 밀치자, 그제야 잠에서 깨어난 오스카는 어리둥절한 표정으로 물었어요.

"무슨 일이에요?"

"안전띠 매는 걸 잊었구나. 그러니까 유령처럼 우주선 안을 떠돌고 있지!"

"죄송해요."

오스카는 기어 들어가는 목소리로 말하곤 침대로 돌아갔어요. 그리고 이번엔 잊지 않고 안전띠를 단단히 채웠지요. 잠이 깬 에두아르트 씨는 자리에서 일어나 우주선 창밖으로 넓게 펼쳐져 있는 어둠을 바라보았어요. 그때 그림처럼 아름다운 불빛이 우주선을 향해 빠른 속도로 날아왔어요. 불빛이 지나갈 때마다 마치 눈앞에서 폭죽이 터지듯 밝은 빛과 함께 맑은 소리가 들렸어요. 그러다 갑자기 창밖 풍경이 깜깜해지더니 불빛도 소리도 모두 사라져 버렸어요.

"우주선이 유성 폭풍을 지나고 있나 보군. 이제 먼지가 몇 센티미터 두께로 유리에 쌓이겠는걸. 당장 유리창을 깨끗이 청소해야겠다."

에두아르트 씨는 빗자루를 손에 들고 결심한 듯 말했어요. 에두아르트 씨는 아직 단 한 번도 시험해 본 적이 없는 우주선 기밀실(일반적으로 바깥 공기가 전혀 통하지 못하도록 막은 방으로 압력이나 온도 조절이 가능함) 출입구를 열고 그 안으로 노를 젓듯 허우적거리며 들어갔어요. 그런 다음 우주복을 챙겨 입고 버튼을 눌렀지요. 그러자 우주선 기밀실 출입구가 닫히고, 자동으로 기밀실 출입구에 공기가 차오르며 우주 공간으로 나가는 문이 열렸어요. 에두아르트 씨는 빗자루를 들고 둥실둥실 우주로 나갔어요. 아저씨는 첫 우주 나들이에 너무나 흥분한 나머지 우주선에서 점점 멀어지는 걸 깨닫지 못했어요. 더 이상 돌아갈 수 없을 정도로 멀어지자, 에두아르트 씨는 서서히 자기만의 궤도를 그리기 시작했어요.

"도와줘! 팔름스트룀, 내가 지금 우주를 떠돌기 시작했어!"

에두아르트 씨는 절망적인 목소리로 우주복에 붙어 있는 스피커에 대고 소리쳤어요. 팔름스트룀이 깜짝 놀라 잠에서 깨어났어요. 팔름스트룀은 부리나케 우주복을 입고 침착하게 추진 로켓을 향해 손을 뻗었어요.

그런 다음 에두아르트 씨를 향해 다가갔어요.

"움직이지 마세요, 에두아르트 씨. 침착하게 제자리에 가만히 계세요."

팔름스트룀이 헬멧에 달린 마이크로 지시했어요. 팔름스트룀은 점점 속도를 높이며 나아갔어요. 에두아르트 씨에게 다가간 팔름스트룀은 먼저 에두아르트 씨의 우주복에 안전 끈을 걸고, 추진 로켓을 발사했어요. 그런 다음 원반 돌리기를 하듯 빙글빙글 돌아 우주선으로 무사히 돌아왔답니다. 팔름스트룀이 서둘러 우주복을 벗고는 에두아르트 씨에게 말했어요.

"아저씨, 미쳤어요? 어떻게 그렇게 무작정 우주로 나갈 생각을 했어요?"

"나는 그저 유리창을 깨끗이 청소하려던 것뿐이었단다. 우주의 불꽃 쇼를 다시 한 번 보고 싶어서 말이야."

"우주의 불꽃 쇼라니, 대체 무슨 말씀이에요?"

팔름스트룀이 이해할 수 없다는 듯 물었어요.

"정말이지 장관이었단다. 그 불꽃과 소리라니!"

"그건 아마도 아저씨 상상일 거예요. 하지만 소나기 같은 불꽃은 정말로 있어요. 아주 작은 태양 입자가 빠른 속도로 날아다니면 그런 장면을 볼 수 있지요. 하지만 다음엔 조심하세요. 그리고 우주선을 떠나시기 전에는 꼭 우리에게 먼저 알리고 가세요!"

"알았어. 네 말이 맞다."

아저씨가 기어 들어가는 목소리로 말했어요. 우주선은 빛처럼 빠른 속도로 드넓은 우주를 가로질러 갔어요. 그리고 얼마 지나지 않아 원래 탐사하려던 미지의 행성에 도달했답니다. 에두아르트 씨는 연구실에서 세균이 든 상자를 가져왔어요. 그런 다음 우주선의 기밀실 출입구로 들어갔어요. 오스카도 아저씨를 따라 들어갔지요.

"아저씨, 제가 한 번 더 우주복 입으시는 거 봐 드릴게요. 시간이 너무 길면 안 되니까요."

"그러려무나. 나야 반대할 이유가 없지!"

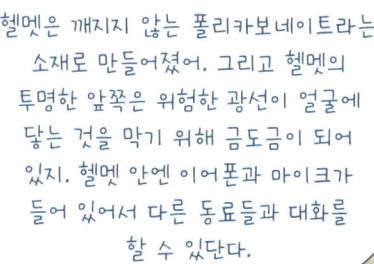

우주에선 어떻게 움직일까?

우주 비행사들은 우주에서 우주선이나 소형 유인 우주 왕복선을 탈 때, 혹은 우주 정거장을 떠날 때면 반드시 우주복을 입어야 해. 우주복을 입으려면 먼저 기밀실 출입구로 들어가야 하지. 이곳에서 우주 비행사들은 우주복을 입고, 기밀실 출입구로 공기가 흘러 들어오면 우주로 나올 수 있단다.

지구가 해를 받는 부분에서 우주 비행사들이 작업을 하고 있어. 이곳의 온도는 무려 100도가 넘을 정도로 아주 뜨겁단다.

지구에서 밤이 된 쪽에서 작업할 때의 온도는 영하 150도 이하를 기록할 정도로 매우 춥단다.

우주 공간에서의 작업

우주 비행사들이 우주에서 작업할 수 있는 최대 시간은 7시간이야. 이들은 우주 정거장의 바깥벽을 반복적으로 점검해야 해. 부품 조립이나 케이블을 옮기는 일 등을 하지.

태양

태양

태양은 행성에게 빛과 열을 보내 주지. 우리 지구엔 46억 년 전부터 빛과 열을 보내 주는데, 태양열과 빛이 없다면 지구에는 어떤 생물도 살 수 없을 거야. 태양 둘레엔 전기를 띤 작은 입자가 들어 있는 뜨거운 가스가 수백만 킬로미터나 퍼져 있어. 이것이 우주 도처로 퍼져 나가는데, 이것을 '태양풍'이라고 한단다.

태양은 거대한 가스 덩어리야. 태양 표면은 섭씨 5,500도의 가스가 소용돌이치며 증기를 뿜어내지. 펄펄 끓는 물 온도의 50배보다 더 뜨거운 온도야.

태양 표면의 온도가 모두 고른 건 아니야. 뜨거운 가스가 충분하지 못한 곳들도 더러 있어. 그런 곳의 표면 온도는 다른 곳에 비해 낮은데, 여기를 '태양의 흑점'이라고 해.

3000년 전, 멕시코에 살던 고대 마야 족은 태양을 숭배했어. 그들은 태양신이 아침엔 젊은이였다가 저녁엔 늙은이의 모습을 한다고 상상했지. 매일 아침 태양이 먼 하늘 여행을 떠났다가 지쳐서 돌아오기 때문이었지. 당시 마야 족은 일식 시기를 계산할 수 있었어. 그들은 일식이 되면 무시무시한 괴물이 해를 삼키는 거라고 생각했단다.

일식이란?

일식은 '태양 – 달 – 지구'가 순서대로 일직선으로 배열될 때 생겨. 이때 달은 지구에 그림자를 드리우게 되고, 이 그림자 안에 있는 사람들의 눈엔 태양이 달의 그림자에 완전히 가려 보이지 않게 되는 거야. 단, 태양 둘레를 감싸고 있는 층인 코로나만 보일 뿐이란다.

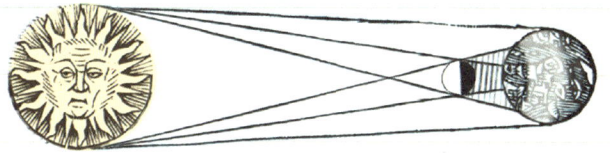

가장 최근에 우리나라에서 관측된 개기 일식은 2009년 7월 22일에 있었어.

실험 : 개기 일식을 만들어 보자!

1. 손전등과 지도가 그려진 풍선을 준비한다. 풍선은 지구가 되고, 손전등은 태양이 된다.

2. 이제 달을 만들 차례. 노란색 풍선을 가져와서 분다. 지구 크기만큼 빵빵하게 불면 안 된다. 달은 지구보다 작기 때문이다. 접착테이프를 이용하여 탁자 위에 지구를 먼저 붙인 다음 달을 붙인다.

3. 손전등을 켜서 정확히 달 뒤에 가져다 놓는다. 달이 지구에 드리우는 그림자를 눈으로 확인할 수 있다. 이 그림자 안에 있는 사람들의 눈엔 태양이 보이지 않는다. 달이 태양 빛을 가리고 있기 때문이다.

오스카가 모든 것을 꼼꼼히 살펴보고 난 뒤 에두아르트 씨는 우주복을 입었어요. 그러곤 마지막으로 팔름스트룀과 무선 통신을 시험해 보았어요.

"팔름스트룀 군, 나와라, 오버! 이제 기밀실 출입구를 벗어난다, 오버."

"오케이. 기밀실 출입구를 벗어나도 좋다. 행운을 빈다, 오버! 그리고 우리가 지금 태양과 가까운 곳에 있다는 점을 명심하라. 이곳은 매우 뜨겁다."

팔름스트룀이 대답했어요. 에두아르트 씨는 우주 공간으로 나가는 문의 버튼을 누른 뒤, 문을 열고 밖으로 나갔어요. 미지의 행성이 눈앞에 펼쳐졌어요. 뜨거운 빛줄기가 번쩍이며 몇 초 간격으로 회색 돌바닥 위로 쏟아졌어요. 이 빛줄기는 태양에서 곧바로 날아온 것이라, 우주복을 뚫고 들어올 것처럼 뜨거웠어요.

"서두르세요, 에두아르트 씨! 한시도 허비할 시간이 없어요. 그 우주복은 태양의 열기를 오래 견디지 못해요."

에두아르트 씨의 이어폰으로 팔름스트룀의 목소리가 들려왔어요. 에두아르트 씨는 재빨리 상자의 뚜껑을 열었어요. 그러자 태양 광선이 곧바로 세균이 있는 상자 속으로 쏟아져 들어왔어요. 에두아르트 씨는 나중에 지구로 돌아가서 태양 광선이 세균에게 어떤 영향을 미치는지 조사할 거예요. 어쩌면 거기서 중요한 과학적 사실을 알아낼 수 있을지도 몰라요. 예를 들어 지구 오존층에 뚫린 구멍이 얼마나 위험한지 말이지요.

　우주선으로 돌아가는 길은 아주 멀게 느껴졌어요. 거북같이 느릿느릿 움직이면서 가고 있었기 때문이지요. 그런데 에두아르트 씨가 갑자기 허우적거리더니 넘어졌어요. 그 바람에 손에 들고 있던 세균 상자를 떨어뜨릴 뻔했답니다. 에두아르트 씨는 진짜 참을 수 없을 정도로 온몸이 뜨거웠어요. 심한 현기증까지 났지요.

"여기는 팔름스트룀. 에두아르트 씨 나와라, 오버."

　하지만 대답이 없었어요.

"여기는 팔름스트룀. 에두아르트 씨 나오세요, 오버."

　팔름스트룀이 한 번 더 큰 소리로 외쳤어요. 하지만 역시 아무 소리도 들리지 않았어요. 에두아르트 씨에게선 어떤 신호도 오지 않았어요.

"에두아르트 씨에게 무슨 일이 생겼으면 어떡하지? 만약 혼자 힘으로 우주선까지 돌아오지 못한다면?"

　오스카가 걱정하며 물었어요.

"여기 조종석에선 기밀실 출입구가 안 보여. 지금 당장 기밀실 출입구로 가 봐야겠어."

　팔름스트룀은 계측 기기를 보고 우주로 나가는 기밀실 문이 아직 열려 있는 것을 알았어요. 그래서 버튼을 눌러 기밀실 문을 닫은 다음, 안전을 위해 우주복을 챙겨 입고 기밀실 출입구를 열었어요. 그런데 기밀실 바닥에 에두아르트

씨가 누워 있지 뭐예요! 세균 상자를 팔에 끼고 말이에요. 오스카와 팔름스트룀은 안도의 한숨을 내쉬었어요. 오스카는 조심조심 에두아르트 씨의 우주복을 벗기고 우주선 안으로 데리고 들어갔어요.

"이제 어서 여기를 떠나야 해. 뜨거운 태양 광선 때문에 우주선에도 서서히 무리가 오고 있어."

팔름스트룀이 우주선을 돌려 미지의 행성에서 벗어났어요. 기절했던 에두아르트 씨도 서서히 정신을 차리기 시작했어요. 그러나 너무 지친 상태였기 때문에 즉시 우주선 침대에 몸을 눕혀야 했지요.

"오스카, 안전띠 채우는 거 잊지 마라."

에두아르트 씨가 속삭였어요. 잠시 후, 셋은 "지구에 가까이 접근하고 있음. 착륙 준비."라는 컴퓨터의 소리에 잠에서 깼어요. 팔름스트룀과 에두아르트 씨, 오스카는 우주복을 모두 차려입고 다시 우주선 침대에 몸을 눕혔어요. 우주선이 부드럽게 후진하면서 우주 정거장에 착륙했어요. 비밀 미션은 대성공이었고, 셋은 무척이나 뿌듯했답니다.

태양 광선이 세균에게 어떤 영향을 미치는지는 아주 오랜 시간이 지난 뒤에야 알 수 있을 거예요. 과학자들이 그들이 발견한 사실에 관해 발표하는 데에는 언제나 시간이 많이 걸리니까 말이에요.

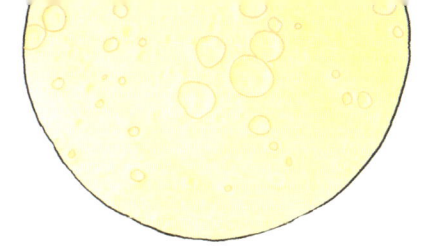

5. 달 탐사 영웅들

오스카는 밤새도록 하늘을 날아다녔어요. 그때였어요. 갑자기 아래쪽에서 끔찍한 탄식 소리가 들려왔어요.

"드디어 찾았다! 쟤들이 달귀먹어 형제인가 보다!"

오스카가 기뻐하며 말했어요. 정말로 희한하게 생긴 두 녀석이 산꼭대기에 앉아서 달을 바라보며 엉엉 울고 있었어요. 몸통은 반짝이는 공처럼 생겼는데, 거기에는 아름답고 튼튼한 다리가 붙어 있었지요.

달귀먹어 형제는 세상 그 어느 것과도 견줄 수 없을 만큼 달을 사랑했어요. 그래서 꼭 한 번 달나라에 가는 것이 가장 큰 소원이었지요. 그러나 어떻게 해야 달나라까지 갈 수 있는지 알지 못했기 때문에 하염없이 달만 바라보며 밤새도록 훌쩍거릴 때가 많았어요. 사람들은 그런 둘을 보고 달귀먹어 형제라고 불렀어요. 보름달만 뜨면 두 녀석의 울음소리에 사람들의 귀가 먹어 버릴 것 같았거든요.

달귀먹어 형제는 엉엉 우느라고 오스카가 내려온 걸 전혀 알아채지 못했어요. 그러다 아침 해가 떠오르자, 달귀먹어 형제가 오스카에게 인사했어요.

"안녕, 오스카! 어디 있다가 이렇게 갑자기 나타난 거니?"

동생 달귀먹어가 큰 소리로 말했어요.

"지난밤에 왔지. 그런데 너희가 또 달을 보며 울고 있기에 말도 못 걸고 있었어. 너희를 방해하고 싶지 않았거든."

"우린 지금 막 장 좀 보려던 참이었는데, 너도 같이 가자. 내가 업어 줄게. 그러면 너도 우리처럼 사람들 눈에 보이지 않아."

형 달귀먹어가 말했어요.

"좋지!"

달귀먹어 형제는 산 아래쪽에 있는 작은 도시에서 필요한 것들을 가져왔어요. 먼저 구주콩을 가져왔어요. 구주콩은 달귀먹어 형제가 가장 좋아하는 먹을거리예요. 그리고 바닥 청소용 가루 세제도 챙겼어요. 달귀먹어 형제는 이 가루 세제로 서로 등을 박박 문질러 주며 간지럼을 태워요. 볼일을 다 본 셋은 다시 산으로 돌아왔어요.

"그나저나 오스카, 우리가 뭘 만들었는지 아니? 바로 로켓이야. 달나라 여행을 하려고. 그런데 로켓이 날지를 않아. 실망이야."

동생 달귀먹어가 시무룩하게 말했어요. 그러곤 뾰족한 끝을 꺾어 약간 평평하게 만든 철제 원뿔을 하나 꺼내 놓았어요.

"이런. 이건 아무리 보아도 로켓처럼 보이지는 않아. 아, 맞다! 오일을 넣어야 하는 걸 새까맣게 잊고 있었네. 프로펠러 전용 벤진 오일이 없으면 내 프로펠러가 돌아가지 않거든."

오스카는 서둘러 작별 인사를 했어요. 곧 돌아온다는 약속과 함께요. 그동안 달귀먹어 형제는 새로운 로켓을 만들었어요. 정말 근사한 모습의 로켓이 탄생했지요.

"이제 어떻게 해야 로켓이 날아가는지만 알아내면 되는데 말이야."

형 달귀먹어가 말했어요.

"그건 내가 나중에 조용히 생각해 볼게. 지금으로선 보트를 타고 가는 게 가장 좋은 방법이야. 형은 노를 젓고, 나는 생각하고……."

형제는 노를 저어 바다를 가로질러 갔다가 되돌아왔어요. 어찌나 힘이 들었는지 형 달귀먹어의 몸에서 땀이 비 오듯 흘러내렸어요. 노를 저을 때마다 형 달귀먹어의 입에선 신음 소리가 흘러나왔지요. 둘이 다시 잔교(부두에서 선박에 닿을 수 있도록 해 놓은 다리 모양의 구조물)에 도착했을 때 동생 달귀먹어가 말했어요.

"형이 먼저 올라가. 힘드니까 옆에 줄 잡고 올라가!"

형 달귀먹어는 마지막 힘을 다하여 보트에서 잔교로 껑충 뛰어올랐어요. 그러자 보트가 물 위에서 살짝 뒤로 미끄러졌어요.

"형, 이거 봤어?"

"뭘?"

"형이 잔교로 뛰어오를 때 말이야. 형의 힘 때문에 보트가 뒤편으로 밀려갔잖아. 형, 우리 실험을 한번 해 볼까? 형은 계속해서 보트에서 잔교로 뛰어오르고, 그러는 동안 나는 보트를 관찰하는 거야."

"꼭 그래야 해? 나는 노를 젓느라 벌써 지칠 대로 지쳤는데!"

형 달귀먹어는 마지못해 다시 잔교를 내려가 줄을 잡지 않고 혼자 힘으로 잔교 위로 껑충 뛰어올랐어요. 형 달귀먹어가 여덟 번째 뛰었을 때, 불쑥 오스카가 나타났어요.

"너희 거기서 대체 뭐 해?"

오스카가 궁금해하며 물었어요.

"실험 중이야."

동생 달귀먹어가 진지한 표정으로 대답했지요.

"지금 '반작용'에 관해 알아보는 중인가 보구나."

오스카가 빙그레 웃으며 말했어요.

"나는 아냐. 나는 그저 온몸이 쑤실 뿐이야."

형 달귀먹어가 앓는 소리를 했어요.

"그렇다면 잘 들어 봐. 자동차가 갑자기 멈추면, 멈출 때 주는 힘의 방향과 반대 방향으로 몸이 움직이잖아. 그건 바로 자동차가 멈추는 작용에 대한 반작용 때문이야."

오스카가 참을성 있게 설명해 주었어요.

"아, 알았다! 우리 로켓도 그것과 똑같은 원리로 움직이는 거야. 반작용으로 말이야!"

갑자기 동생 달귀먹어가 말했어요.

"정답이야! 우리 로켓에 관해 좀 더 자세히 알아보는 건 어때?"

오스카가 제안했어요. 달귀먹어 형제는 신이 나서 껑충거렸답니다.

로켓을 타고 우주로 날아가다

인간은 별을 관측하면서 별나라 여행에 동경심을 갖게 되었어. 로켓은 연료를 태워서 고압가스를 내뿜어 추진력을 얻는 장치로, 우주선을 쏘아 올릴 때 사용해. 최초의 2단 로켓은 16세기에 루마니아의 '콘라드 핫사'라고 하는 사람이 만들었어.

로켓은 반작용에 의해 추진력을 갖게 된단다. 반작용은 자연에서도 찾아볼 수 있어.

해파리는 물을 쭉 빨아들인 다음 몸을 수축하여 압력을 높이고 그 물을 밖으로 밀어내. 이것을 반복해서 앞으로 나아가는 거란다. 로켓도 해파리와 똑같은 원리로 움직여. 로켓의 경우엔 대부분 동력 장치에서 나오는 뜨거운 가스의 압력으로 올라가는 것이 다를 뿐이야.

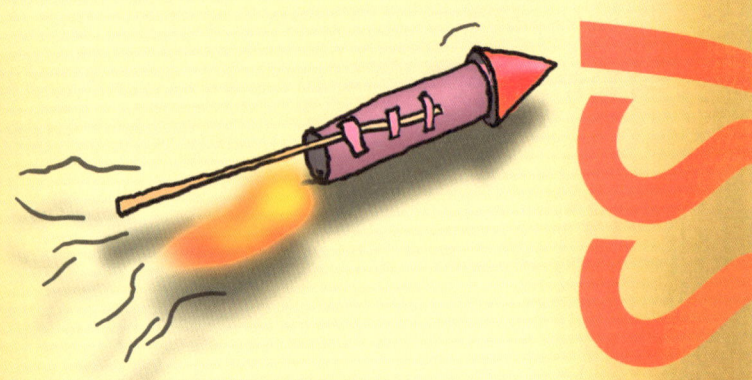

인류 최초의 로켓은 1000년 전에 중국에서 발명됐어. 처음엔 단순히 귀신을 쫓아내는 용도였는데, 나중에는 적을 공격하는 데에도 쓰이게 되었단다. 당시엔 석탄과 초석, 유황을 섞어서 만든 흑색 화약에 불을 붙여 발사했어.

헤르만 오베르트는 어린 시절부터 로켓을 만들겠다는 꿈을 꾸었어. 그리고 여러 단계를 거쳐 마침내 로켓을 발명했단다.

1926년, 미국의 과학자 로버트 고더드는 인류 최초로 액체 연료를 이용한 로켓을 달나라에 발사시켰어. 로켓이 지구에서 우주 공간으로 진입하기 위해선 로켓의 몸체가 여러 부분으로 구성되어야 한다는 걸 발견한 것도 로버트 고더드였단다.

로켓과 달 탐사

우주선이 지구 대기권을 날 때 우주 비행사에겐 어떤 일이 일어날까?

속도가 변하면 우리는 속도가 바뀌면서 생기는 힘의 영향을 받게 돼. 자동차 탔을 때를 생각해 봐. 빠른 속도로 자동차를 출발시키면 우리 몸이 뒤쪽으로 밀리고, 자동차 브레이크를 세게 밟으면 몸이 앞으로 급하게 쏠리게 돼. 이 힘은 우주여행을 할 때에도 영향을 미쳐.

1998년 국제 우주 정거장 건설

1969년 달 착륙

1000년 전 중국에서 전투용 로켓 발명

1981년 유인 우주 왕복선 컬럼비아호 발사

1961년 최초의 우주인 유리 가가린 탄생

1926년 고더드가 로켓 발명

우주 비행의 역사

2014년 우주 비행사를 태운 우주선 오리온호가 국제 우주 정거장으로 최초 비행 예정

2030년 화성에 최초로 우주 비행사 착륙 예정

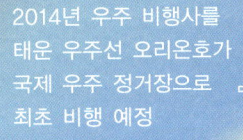

2020년 오리온호, 달 기지 건설을 위해 우주 비행사를 태우고 달로 날아갈 예정

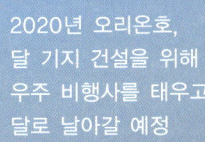

2011년 국제 우주 정거장 완공

로켓이 지구 대기권을 돌며 속도를 내면, 우주 비행사들은 이 힘의 영향을 받게 돼. 그런데 때로는 이 힘이 너무 강해서 우주 비행사들이 로켓의 속도를 줄여야 할 때도 있어. 왜냐하면 속도가 너무 빠르면 압력이 높아지는데, 압력이 지나치게 높으면 사람들이 기절할 수도 있거든. 속도 조절은 모두 컴퓨터로 해.

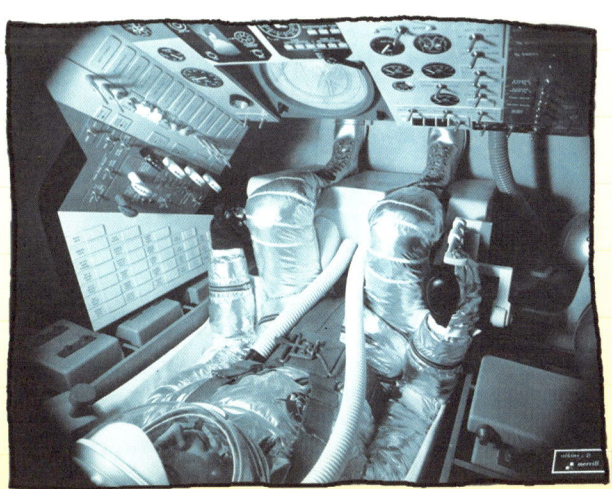

화성은 멀리 떨어져 있기 때문에 우주 비행사들은 일단 달에 들렀다가 다시 화성으로 가야 해. 이들은 여러 달 동안 우주에 머무른 뒤 지구로 돌아올 예정이지. 우주 비행사들은 화성에서 일정 시간 동안 지낼 수 있는 산소와 물을 확보할 수 있는지 시험하게 될 거야.

"아주 재미있었어! 특히 곧 달나라로 여행하려던 참에 듣게 되어서 더더욱 재미있었어."

동생 달귀먹어가 말했어요.

"그래도 그렇지. 야, 동생. 우리가 어느 세월에 제대로 된 로켓 추진 장치를 만들겠냐!"

형 달귀먹어가 한탄을 했어요.

"그래서 말인데, 나한테 더 좋은 생각이 있어. 여기 이 신문에, 세 명의 미국인이 곧 달나라에 간다는 기사가 실려 있어."

오스카가 웃으며 말했어요.

"어디 보자!"

형 달귀먹어가 신문을 잡아챘어요.

"형은 글자 읽을 줄 모르잖아! 오스카, 네가 읽어 줘."

동생 달귀먹어가 오스카에게 부탁하자 오스카가 기사를 읽기 시작했어요.

"인류 최초의 달 착륙을 위한 준비가 완료를 코앞에 두고 있다. 닐 암스트롱, 버즈 올드린, 마이클 콜린스 등 유인 우주선에 탑승할 세 명의 우주 비행사들은 몸 상태

도 아주 좋다. 7월 16일 아폴로 11호가 케이프커내버럴(나사의 케네디 우주 센터가 있는 곳)에서 발사될 예정이라고 한다."

"이거 완전 대박이다, 대박이야! 그럼 우리, 거기 함께 타면 되겠다!"

동생 달귀먹어는 좋아서 어쩔 줄 몰라 하며 껑충껑충 잔교를 뛰어다녔어요.

"그렇게 하는 게 좋은 건지 어떤지 잘 모르겠어."

형 달귀먹어가 화가 나서 말했어요.

"나도 같이 갈 거야. 달나라 여행인데 내가 빠지면 안 되지."

오스카가 형 달귀먹어를 달래며 말했어요.

"그 켑 카니발인지 뭔지는 대체 어디에 있는 건데?"

형 달귀먹어가 물었어요.

"켑 카니발이 아니고 케이프커내버럴이야. 미국 플로리다 주에 있는데, 그곳에 우주 센터가 있어."

동생 달귀먹어가 씩씩거리며 말했어요.

"맞아. 그러니까 지금 우리가 미국의 플로리다 주로 가야 한다는 말이지."

오스카가 설명해 주었어요.

"알았으니까 빨리 가기나 하자고. 발사 시간 놓치면 어떡해."

동생 달귀먹어가 서둘러 오스카의 말을 끊었어요. 그러고는 곧바로 껑충껑충 뛰어갔어요. 형 달귀먹어는 오스카를 업고 껑충거리며 뛰기 시작했지요. 기차역에 도착하자마자 프랑크푸르트로 가는 기차표 세 장을 샀어요. 그리고 프랑크푸르트에서 비행기를 타고 미국으로 날아갔답니다.

케이프커내버럴의 우주 비행사들은 달나라 여행을 위해 열심히 훈련했어요. 우주복을 입고 물탱크 속에서 돌아다니며, 무중력 상태인 달 표면에서 움직일 수 있도록 연습했지요. 나중에 달나라에 가서 일할 때 쓸 도구와 기기들의 사용

법을 익히기도 했어요. 아폴로 11호의 선장 닐 암스트롱은 오랜 훈련을 거쳐 이제 달 착륙선을 익숙하게 다루게 되었지요.

1969년 7월 16일, 드디어 달나라 여행을 떠나는 날이 되었어요. 닐 암스트롱, 버즈 올드린, 마이클 콜린스는 우주복을 입고 로켓이 있는 곳으로 갔어요. 달귀먹어 형제도 오스카와 함께 껑충거리며 그들을 뒤따라갔지요. 물론 그 모습을 본 사람은 아무도 없었어요. 투명 인간처럼 눈에 보이지 않았으니까요. 그들의 앞쪽 출발선에는 아폴로 11호를 달나라로 보내 줄 거대한 '새턴 5호' 로켓이 우뚝 솟아 있었어요. 높이가 110미터나 되었지요. 그 모습에 감탄한 동생 달귀먹어가 감격에 겨워 큰 소리로 한숨을 내쉬었어요. 닐 암스트롱이 어리둥절해하며 뒤돌아섰어요.

"무슨 일인가?"

마이클 콜린스가 물었어요.

"아, 아무것도 아닐세. 누가 한숨 쉬는 것 같은 소리가 들려서 말일세."

"자네, 귀신에 홀렸나 보군."

버즈 올드린이 웃으며 말했어요.

그런 다음 세 우주 비행사들은 우주선 속으로 사라졌어요. 물론 달귀먹어 형제와 오스카도 그들과 함께 들어갔죠. 우주 비행사들은 각자의 자리에 앉아 안전띠를 채웠어요. 형 달귀먹어는 오스카와 함께 겨우 구석진 곳에 자리를 잡았어요. 동생 달귀먹어는 우주 비행사들의 의자 사이에 자리를 잡고 앉았어요.

드디어 아폴로 11호가 우주로 출발했어요. 새턴 5호 로켓의 제1단이 점화되었고, 3분 7초 후 연소된 제1단이 떨어져 나갔어요. 그다음 제2단 로켓이 점화되면서 우주선이 안전하게 대기권을 통과하도록 이끌었어요. 이때 속도가 빨라지자 달귀먹어 형제와 오스카는 온몸이 완전히 압착기에 눌린 것 같은 느낌이었어요. 자기 몸무게의 거의 4배 가까운 힘이 온몸을 누르는 것 같았어요.

"후유! 나 완전히 쥐포가 될 것 같아!"

"형, 참아! 조금만 더 참으면 돼! 곧 괜찮아질 거야."

동생 달귀먹어가 말했어요. 12분 39초가 지나자 모두 정상으로 돌아왔어요. 이제 우주선은 지구 궤도를 따라 원을 그리며 돌고 있었어요. 제3단 로켓이 점화되자 우주선이 달로 향했어요.

"이제 우리가 아폴로 11호를 샅샅이 탐색할 시간이 된 것 같다."

오스카가 말했어요. 달귀먹어 형과 동생은 오스카가 뭘 하자고 하든 따라 할 마음의 준비가 되어 있었답니다.

아폴로 11호의 임무

아폴로 11호의 임무

아폴로 11호는 1969년 달 탐사 여행을 했어. 우주선엔 세 명의 우주 비행사가 타고 있었지.

닐 암스트롱   버즈 올드린   마이클 콜린스

미국 플로리다 주의 케이프커내버럴에서 우주선 아폴로 11호가 추진 로켓인 새턴 5호에 실려 우주로 발사되었어. 달나라로 탐사 여행을 떠나기 전 우주 비행사들은 달 표면에서 움직이는 방법, 그곳에서 장비와 도구를 다루는 방법 등을 익혀야 했단다.

우주복을 입고 움직이는 건 정말 불편해. 그런데 이걸 입고 작업까지 해야 하다니. 후유!

물속에서 걷는 건 결코 간단한 일이 아니야. 물이 계속해서 내 몸을 위로 밀어 올리려고 하기 때문이지. 달 표면에서 움직일 때도 이 느낌과 비슷해.

무중력 상태에서 작업하는 훈련도 해야 해. 나사를 조이는 건 너무 어려워. 무중력 상태에선 나사가 둥둥 뜨려고 해서 단단히 조여지지 않거든.

새턴 5호 로켓의 모든 것

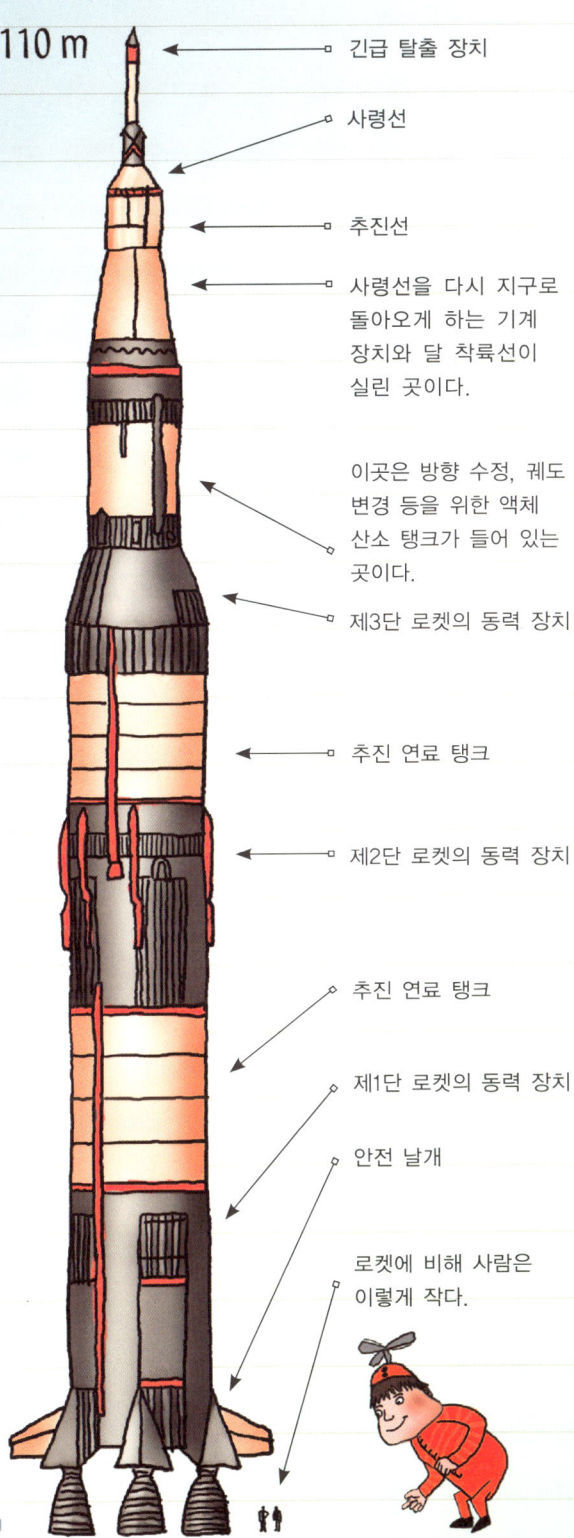

- 110 m
- 긴급 탈출 장치
- 사령선
- 추진선
- 사령선을 다시 지구로 돌아오게 하는 기계 장치와 달 착륙선이 실린 곳이다.
- 이곳은 방향 수정, 궤도 변경 등을 위한 액체 산소 탱크가 들어 있는 곳이다.
- 제3단 로켓의 동력 장치
- 추진 연료 탱크
- 제2단 로켓의 동력 장치
- 추진 연료 탱크
- 제1단 로켓의 동력 장치
- 안전 날개
- 로켓에 비해 사람은 이렇게 작다.

'사령선'은 '칸막이, 객실'과 비슷한 뜻이야. 그런데 이 사령선은 상당히 규모가 작아서 우주 비행사 자리는 정말 얼마 되지 않아. 아폴로 11호 중에서 지구로 돌아온 건 이 사령선뿐이었단다.

우주 공간에선 위아래의 개념이 없어. 그래서 우주 비행사들은 물구나무서기를 한 채로 사령선 안을 둥둥 떠다닐 수도 있어.

우주선은 자기만의 축을 회전축으로 삼아서 돈단다. 태양의 열기를 우주선에 골고루 전달하기 위해서지.

달에서 생활하기

달 착륙선 이글호와 함께 닐 암스트롱과 버즈 올드린이 달에 착륙했어. 닐 암스트롱이 제일 먼저 달에 두 발을 내디뎠지.

우주 비행사가 달 표면의 암석과 티끌을 수집하고 있어.

우주 비행사가 달의 분화구와 표면을 촬영하는 중이야.

태양에서 아주 작은 입자들이 날아와 달 표면에 앉았어. 우주 비행사가 이 입자들을 채집하고 있어.

달에선 우리 지구에서 발생하는 지진과 같은 월진이 발생해. 우주 비행사가 월진의 진동수를 측정하고 있어.

미래의 달

달 기지가 세워졌어. 달 기지는 우주 비행사들을 위한 우주 숙소로 이용될 거야. 기지 내부의 공기는 지구 공기와 같기 때문에 그곳에서 우주 비행사들은 우주복을 입지 않고도 생활할 수 있지.

안테나를 이용하여 우주 비행사들은 지구와 화상으로 소식을 주고받을 수 있어. 가족과 통화도 할 수 있지.

태양광 집열판은 태양열을 모으는 판이야. 이렇게 모은 태양열은 달 기지에 난방과 온수를 공급하는 데 사용해.

기밀실 출입구에서 우주 비행사들은 우주복을 입고 계단을 내려가 달 표면으로 나간단다.

달나라에서 내 몸무게는 얼마나 될까?

지구 : 36kg

달 : 6kg

달 기지를 건설할 최상의 장소는 달의 양쪽 극지방에 가까운 곳이야. 여기는 항상 태양이 비치기 때문에 태양 에너지를 충분히 확보할 수 있거든.

"와! 몸이 둥둥 떠!"

갑자기 동생 달귀먹어가 소리쳤어요.

"당연하지. 지구의 중력에서 벗어났거든. 지금 우주선 안은 완전 무중력 상태야."

오스카가 말했어요. 달귀먹어 형제는 좁은 공간에서 벗어나 마음껏 이곳저곳을 껑충거리며 돌아다녔지요. 우주 비행사들도 우주복을 벗고 우주선 곳곳을 떠다녔어요. 마이클이 공중에 바나나 한 개를 던졌어요.

"둥둥 떠다니는 바나나가 왔어요! 닐, 한번 드셔 보실래요?"

"나중에. 지구에서 '1201과 1202 오류 보고. 조정 요망'이라는 보고서가 올라왔네."

닐이 말했어요. 닐은 조종실로 들어가 이것저것 작동시켰어요. 그런 다음 우주 비행사들은 식사를 했어요. 건조시킨 닭죽이 메뉴였지요. 마이클이 뜨거운 물을 펌프질하듯 꾹꾹 눌러 닭죽 봉투에 넣었어요. 세 사람은 닭죽을 맛있게 먹었어요. 오스카와 달귀먹어 형제는 부러운 눈으로 그 모습을 바라보았어요.

"달 표면에 가면 뭔가 맛있는 걸 찾게 될지도 몰라."

동생 달귀먹어가 말했어요. 형 달귀먹어는 말없이 주린 배를 문질렀지요. 여행길에 오른 지 4일째. 지구에서 연락이 왔어요.

"주목하라! 이제 달에 접근하고 있다. 이글호는 착륙 준비를 하라."

닐과 버즈는 우주복을 입고 달 착륙선인 이글호에 자리 잡고 앉았어요. 달귀먹어 형제도 이글호 안에 간신히 자리를 잡았어요. 그런데 형 달귀먹어가 오스카를 업고 오는 걸 깜빡하고 말았어요. 오스카는 어쩔 수 없이 마이클과 우주선에 남게 되었지요.

마이클이 샤워실로 들어가자 오스카는 저장실로 향했어요. 오스카의 배에서 꼬르륵 소리가 엄청 크게 났거든요. 저장실엔 작은 음식 포장물들이 떠다니지 않도록 모두 매직테이프로 고정되어 있었어요. 오스카가 막 음식을 향해 손을 뻗으려는 순간, 샤워실 문이 열리는 소리가 들렸어요. 오스카는 화들짝 놀라 주위를 둘러보다가 커다란 거울에 비친 자기의 모습을 보았어요. 큰일 났어요! 달귀먹어 형제가 없으면 오스카도 사람들 눈에 보이거든요!

오스카는 재빨리 숨을 곳을 찾아보았어요. 그사이 이글호가 달에 착륙했어요. 정각 2시 56분, 닐 암스트롱이 인간으로선 최초로 달에 착륙했어요. 그리고 닐과 함께 달귀먹어 형제도 달에 착륙했지요.

두 형제는 기뻐서 환호성을 질렀어요. 형 달귀먹어는 곧바로 달 표면의 티끌을 먹어 보았어요. 맛이 기가 막혔어요. 달귀먹어 형제는 배가 부를 때까지 달의 티끌을 먹었어요. 그런 다음 그 어느 때보다도 더 미친 듯 뛰어올랐죠. 지구에서 달귀먹어 형제가 큰 개 정도의 무게였다면, 달에선 토끼 한 마리 정도의 무게밖에 안 되었거든요. 그래서 이곳에선 지구에서보다 6배나 더 높이, 그리고 더 멀리 껑충거리며 다닐 수 있었답니다.

버즈도 달 표면에 발을 내디뎠어요. 두 우주 비행사는 조심스럽게 달의 표면을 탐사하기 시작했어요. 그들은 가져온 공구로 달 표면의 암석 몇 개를 빼냈지요. 지구로 가져가려고요. 두 사람은 연구 기기들을 이용해 많은 것을 측량했어요. 두 시간 반 뒤, 그들은 달 탐사를 마치고 이글호로 돌아왔어요.

"형, 얼른 와! 아니면 여기 남을래?"

동생 달귀먹어가 형을 향해 소리쳤어요.

"나도 잘 모르겠어."

"형, 여기 참 아름답지? 하지만 너무 외롭잖아. 나는 형이랑 함께 지구로 돌아가고 싶어. 나중에 다시 올 수 있을 거야."

달귀먹어 형제는 서둘러 달 착륙선으로 껑충껑충 뛰어 들어갔어요. 이글호의 추진 장치에 시동을 걸려던 버즈가 스위치가 부러진 걸 발견했어요. 그러자 동생 달귀먹어가 즉시 버즈 바로 앞에 사인펜을 가져다 놓았답니다.

"어어, 하늘에서 사인펜을 보내왔네."

버즈는 사인펜으로 시동을 걸었어요. 달 착륙선은 곧 달 궤도를 돌아 사령선과 연결되었지요. 오스카는 달귀먹어 형제가 우주선에 다시 나타난 걸 보고는 가슴을 쓸어내렸어요. 22시간 동안이니 비좁은 곳에 숨어서 달귀먹어 형제가 오기만을 기다리고 있었거든요.

이제 아폴로 우주선은 지구로 돌아가는 일만 남았어요. 7월 24일 16시 50분, 사령선은 태평양 바다에 내려앉았어요. 우주 비행사들과 오스카, 달귀먹어 형제는 무려 8일이나 우주여행을 마치고 돌아온 거였어요. 전 세계 사람들이 달 탐사 영웅들을 환영하며 칭송했어요. 하지만 달귀먹어 형제와 오스카가 그 자리에 함께 있었다는 것을 아는 사람은 아무도 없었지요.

어쨌거나 무사히 달 탐사를 마친 달귀먹어 형제는 그들이 사는 산으로 돌아가고, 오스카는 천문관으로 돌아왔어요. 천문관은 예나 지금이나 오스카에게 가장 편한 곳이거든요. 아마 새로운 모험을 떠나기 전까지 그곳에서 푹 쉬겠지요?